Ulrike Gottwald

SOMMER FÜR DIE SEELE

Meditationen mit inneren Bildern
Handbuch/Textbuch

Smaragd Verlag

Für Silvie, Line, Thomas, Timmi, Blacky,
Luigi und als Gaststar: Bruno

© Smaragd Verlag, Neuwied
1. Auflage Februar 1992
2 3 4 / 99 97 95
Titelbild: Ulrike Gottwald
Smaragd Verlag Neuwied
Satz: Pro Publishing Service GmbH, 4053 Jüchen 7
Druck und Verarbeitung: Fuldaer Verlagsanstalt GmbH
ISBN 3-926374-28-4

INHALT

HINWEISE ZUM LESEN DIESES BUCHES

Dieses Buch ist ein HANDBUCH

Ein HANDBUCH ist etwas, was du ZUR HAND nehmen kannst, wenn du Rat in einer bestimmten Lebenssituation brauchst. Ein Handbuch ist also kein theoretisches Buch, sondern ein sehr konkretes.

Ein Handbuch sollte auch HAND UND FUSS haben, es sollte dir also ganz praktisch sagen, WAS du in welcher Situation WIE machen kannst.

Deshalb findest du in diesem Buch auch nur das allernötigste an Theorie. Wenn du Theorie suchst, kannst du genügend Informationen aus anderen Büchern bekommen (siehe Anhang).

Dieses Buch enthält eine Vielzahl von praktischen Meditationsübungen, von denen du dir immer die heraussuchen kannst, die du brauchst. All diese Übungen sind von mir und den Teilnehmern meiner Seminare und Workshops erprobt worden, und ich danke allen diesen Menschen für ihre kreative Mitarbeit und ihre praktische Hilfe, immer wenn es darum ging, etwas zu verbessern und auf Probleme aufmerksam zu machen, und ebenfalls für ihren Einfallsreichtum, mit dem sie alle auftretenden Schwierigkeiten bearbeiteten.

VORSTELLUNGSKRAFT ÜBEN

Alles, was du brauchst, um die meditativen Übungen in diesem Buch durchzuführen und dein Leben wirklich damit zu verändern, ist deine bildhafte Vorstellungskraft.

Über diese Vorstellungskraft verfügen AUSNAHMSLOS ALLE MENSCHEN.

Du wirst jetzt vielleicht einwenden, du seiest dann sicher die einzige Ausnahme, die diese Kraft der Phantasie NICHT besäße. Sei sicher, du besitzt sie, und sie ist der Schlüssel zu deinem Glück.
Allerdings kann es sein, daß du GLAUBST, du hättest diese Kraft nicht. Das ist eine verbreitete Meinung, aber glücklicherweise ist sie falsch. Vielen Menschen ist ihre Fähigkeit, innere Bilder zu sehen und damit zu arbeiten, nur nicht immer bewußt. Als Kinder hatten wir sie alle, aber als Erwachsene haben viele von uns so viel logische Vernunft und Rationalität in unsere Köpfe gepfropft bekommen, daß wir uns an die einfachsten und schönsten Dinge nicht mehr erinnern.

Das kannst du ändern, indem du deine Vorstellungskraft wiederentdeckst.

Zunächst einmal mußt du dir bewußt machen, daß du sie BESITZT und daß du sie jeden Tag BENUTZT. Doch, das ist so! Jeder Mensch hat nämlich Tagträume. Tagträume sind Produkte jener inneren Bildhaftigkeit, von der ich hier rede. Ein Traum – und ein Tagtraum ist schließlich ein Traum – redet in Bildern, nicht in Worten. Das, was du tagträumst, SIEHST du vor deinem inneren Auge, siehst du als inneres Bild. Achte in der nächsten Zeit, wann immer du deine Arbeit unterbrichst, um einen kleinen Tagtraum zu genießen, darauf, was du „siehst". Mit ein wenig Übung wird dir bewußt werden, DASS DU ETWAS SIEHST:

Das ist ein erster Beweis für das Vorhandensein deiner Vorstellungskraft.

Ähnlich ist es, wenn du einen spannenden Roman liest. Was du siehst, das sind nicht die Buchstaben des Textes (lesen kannst du automatisch, dafür brauchst du keine Kreativität), sondern der INHALT des Buches, und den siehst du als innere Bilder. Wenn das Buch dich wirklich fesselt, dann bist du IN dem Buch, dann siehst und erlebst du innerlich, was darin passiert, du hast eine ganz konkrete Vorstellung davon, wie der Held aussieht, wie schön die Heldin ist, wie die Landschaft, das Wetter und die Räume beschaffen sind, und vieles mehr.

Daß das so ist, merkst du spätestens dann, wenn du „den Film zum Buch" irgendwann im Kino siehst. Die meisten Menschen, die erst das Buch lesen und dann den Film sehen, sind enttäuscht. Sie sagen, sie hätten sich den Film „ganz anders vorgestellt". Genau das haben sie getan. Sie kannten den Film schon, ihre eigene Version des Films nämlich, und was sie dann im Kino sahen, war ein ganz anderer Film, nämlich der des Filmregisseurs.

Mach dir das einmal richtig klar, denn das hast du mit Sicherheit schon erlebt. Jetzt wirst du auch allmählich glauben, daß du innere Bilder sehen kannst. Achte außerdem das nächste Mal ganz bewußt darauf, was in dir passiert, wenn du ein spannendes Buch liest. Du wirst sehen, daß es ganz einfach ist, dein eigener Filmregisseur zu sein.

Und für dich bist du der beste Filmregisseur, den du finden kannst. Es gibt keinen besseren. Du siehst genau den inneren Film, der dich am besten informiert, der die symbolträchtigsten Bilder hat, die passendsten Farben, einfach alles, was ein guter „innerer Film" braucht.

Jetzt kannst du anfangen. Dreh deine eigenen Filme in deinem eigenen Kopf. Verändere, was verändert werden muß. Das ist alles, was du für diese Art der Meditation brauchst. Du wirst Spaß daran haben, und genau das sollst du. Die beste Arbeit setzt Freude am Arbeiten voraus.

Wenn du mit dieser Art zu Meditieren erst anfängst, dann tust du gut daran, mit der folgenden Übung deine Vorstellungskraft ein wenig zu trainieren:

VORBEREITUNG

Mach einen Spaziergang und pflück dir eine Blume, die dir besonders gut gefällt. Achte darauf, daß sie eine klare Farbe hat und einigermaßen übersichtlich gegliedert ist. Wenn du in der Stadt wohnst oder es gerade keine Jahreszeit für Blumen ist, dann kauf dir eine ganz besonders schöne Rose oder eine Narzisse oder eine andere Blume, die du als schön empfindest.

Stell die Blume zu Hause in eine Vase, und stell die Vase mit der Blume dann vor dich auf den Fußboden oder auf einen niedrigen Tisch. Es sollte nur die Vase mit der Blume darauf stehen, sonst nichts.

Setze oder knie dich bequem davor. Du brauchst keine bestimmte Meditationshaltung, du sollst es nur bequem haben, so daß du es 20 oder 30 Minuten in dieser Stellung aushalten kannst.

Sorge dafür, daß dir warm genug ist, und daß du weder Hunger noch Durst hast. Kälte, Hunger und Durst (und eine volle Blase) machen jede Meditationsübung unmöglich, außer du meditierst schon zwanzig Jahre, dann kannst du es in jeder Lebenslage. Wenn du möchtest, kannst du leise Musik im Hintergrund spielen lassen.

Schau dir jetzt deine Blume genau an. Präge dir jede Einzelheit genauestens ein: die Farbe ihrer Blütenblätter, ihren Stengel, die Form ihrer Blätter und ihrer Blüte. Nimm das Bild der Blume ganz in dich auf.

MEDITATION

Schließe deine Augen.

Hinter deinen geschlossenen Lidern ist es dunkel. Aber du weißt, wie deine Blume aussieht. Du hast dir ihr Bild genau eingeprägt. Das Bild der Blume ist IN DIR, und du kannst es vor deinen geschlossenen Augen wiedererstehen lassen.

Gib dir Zeit, und beobachte, wie das Bild der Blume langsam vor deinem inneren Auge entsteht. Vielleicht ist es zunächst verschwommen, und du kannst Einzelheiten nicht deutlich erkennen. Dann warte eine kleine Weile und sieh zu, wie das Bild allmählich deutlicher wird, wie du jedes einzelne Blatt, die Form des Stengels, die Form und die Farbe der Blütenblätter immer deutlicher und in allen Einzelheiten erkennen kannst. Dieses Bild hast du geschaffen. Es ist ein Produkt deiner Vorstellungskraft.

Bleibe eine Weile so und halte das Bild vor deinem inneren Auge.

Dann beginn damit, in Gedanken den Stengel der Blume abwärtszugleiten. Du weißt, da ist eine Vase. Da WAR eine Vase. Das Bild der Vase löst sich langsam auf, und du gleitest den Blumenstengel jetzt wieder hinunter und siehst, wie sich dort unten Wurzeln bilden: feine, durchsichtige Fäden zuerst, dann immer kräftigere Wurzeln. Stell dir jetzt vor, daß diese Wurzeln weiter und immer weiter wachsen: durch die Tischplatte hindurch, wenn deine Blume auf einem Tisch steht, hinein in den Fußboden, langsam und immer weiter durch den Fußboden hindurch, in das nächste Stockwerk des Hauses, und dort durch den Fußboden und immer weiter, bis deine Blume mit ihren Wurzeln den Erdboden erreicht.

Stell dir jetzt vor, daß sie sich dort fest verwurzelt. Die Blume ist in der Erde fest verwurzelt und verankert, so wie deine Vorstellungskraft in dir fest verankert ist.

Laß dieses Bild auf dich wirken. Dann komm langsam zurück in dein Zimmer, in die Wirklichkeit deiner Umgebung.

Hör die Geräusche, die dich umgeben, und öffne die Augen.

Schau dich um. Reib dir die Augen, damit du wieder ganz wach wirst.
Strecke deine Arme und Beine und steh auf. Balle deine Hände zu Fäusten und öffne sie wieder. Spann alle deine Muskeln an und laß sie wieder locker. Geh ein bißchen umher. Trink einen Schluck Saft oder iß eine Kleinigkeit. Und dann schau dir an, was du gerade erlebt hast.

DIE EINLEITENDE ENTSPANNUNG

Die einleitende Entspannung ist das wichtigste bei der Meditation überhaupt, deshalb solltest du dich nicht beeilen, wenn du sie erlernst, sondern dich bemühen, sie so gut und so vollständig wie möglich zu beherrschen. Bei dem einen dauert das drei Tage, bei dem anderen drei Wochen. Aber das darf es, denn die Menschen haben nun mal ein unterschiedliches Tempo, und diese Entspannungsübung muß wirklich „sitzen", wenn du effektiv meditieren willst. Wenn du schon Entspannungsübungen kennst, zum Beispiel aus dem Autogenen Training oder aus der progressiven Muskelentspannung, dann kannst du diese Übungen sehr gut als Einleitung für die Meditation verwenden.

Wenn du noch keine Entspannungsübungen kennst oder die dir bekannten dir nicht behagen, dann ist hier ein Vorschlag:

Ich lege mich bequem hin und schließe die Augen.
Ich werde mir meines Körpers bewußt, der die Unterlage berührt.
Ich kann nun spüren, wie meine Schultern aufliegen, mein Rücken in seiner ganzen Länge, der Po, die Beine und meine Fersen. Wenn ich es mir genau bewußt mache, kann ich sogar spüren, wie mein Hinterkopf eine kleine Delle ins Kissen drückt.
Ich rufe mir nun ins Bewußtsein, daß ich atme. Mit jedem Ausatmen atme ich die Spannung und die Hektik des Tages aus, gleitet der Tag weiter fort von mir, werden alle Anspannungen, aller Streß gleichgültig.

Mit jedem Einatmen sinke ich tiefer in die Entspannung, in die Ruhe, immer tiefer in mich selbst, meine eigene Mitte.

Ich atme nun einige Male tief aus und wieder ein, atme Hektik, Alltag aus, atme Ruhe und Entspannung ein.

Ich konzentriere mich nun auf mein Gesicht und fühle die Spannung rund um die Augen. Ich stelle mir diese Spannung bildlich vor wie ein Seil mit einem Knoten oder wie ein straffes Gummiband. Und nun stelle ich mir ebenfalls bildlich vor, wie die Spannung sich zu lockern beginnt und lockerer und immer lockerer wird, bis sie einem leeren Handschuh gleicht oder einem schlaffen Gummiring. Die Partie um meine Augen ist jetzt ganz gelöst, ganz entspannt. Und nun stelle ich mir weiter bildlich vor, wie die Entspannung sich über mein ganzes Gesicht ausbreitet in Kreisen, die immer größer werden, so wie Kreise über eine glatte Wasseroberfläche ziehen, wenn ein Regentropfen hineinfällt.

Mein Gesicht ist nun ganz gelöst, ganz entspannt, und ich spüre, wie die Entspannung wie eine warme, angenehme Woge, wie eine Meereswelle, über meinen Körper abwärts gleitet. Ich spüre, wie die Welle der Entspannung in meine Schultern gelangt und die Muskulatur dort tief lockert und löst, und spüre, wie sie meinen Rücken hinunter tiefer gleitet und jetzt die Muskeln des oberen Rückens lockert, dann die des mittleren Rückens und nun auch die des unteren Rückens. Meine Schultern und mein Rücken sind jetzt ganz gelöst, ganz entspannt.

Ich gehe jetzt mit meiner Aufmerksamkeit in meine Oberarme und spüre die Woge der Entspannung auch dort, spüre, wie sie die Muskeln der Oberarme lockert und tiefer brandet, wie eine Welle eines freundlichen Meeres meine Ellenbogen überspült und in die Unterarme gelangt, auch hier alles tief lockert und löst, und nun über meine Handgelenke in die Hände fließt, bis in jeden einzelnen Finger, bis in jede einzelne warme Fingerspitze.

Ich gehe jetzt mit meiner Aufmerksamkeit in meinen Brustraum und fühle, wie die Entspannungswelle dort ankommt und sich ausbreitet. Sie lockert alle Muskeln, die ich zum Atmen brauche, gleitet dann tiefer über das Zwerchfell und lockert auch dieses, dann noch tiefer in meinen Bauch und löst auch dort alle Muskeln. Mein Atem ist nun ganz frei, ganz leicht, und ich atme ganz von allein. Ich fühle dies einen Moment und lasse dann die Woge der Entspannung in meinen Unterleib gleiten und spüre, wie sich auch dort die Muskulatur bis in tiefe Schichten lockert. Dann lasse ich die Woge tiefer gleiten in die Oberschenkel und fühle, wie sich die tiefe und die oberflächliche Muskulatur dort lockert, und ich spüre, wie die entspannende Woge über meine Knie in die Unterschenkel gelangt, wie eine Meereswelle, die einen Stein am Strand überspült, ganz leicht, und wie sie nun die Muskeln der Unterschenkel lockert und dann noch tiefer brandet über die Fußknöchel in die Füße. Ich fühle, wie sie die Muskeln der Fußrücken entspannt und die Muskeln der Fußsohlen, und wie sie weitergleitet und schließlich in den Spitzen meiner Zehen ausläuft.

Ich bin nun vollkommen gelöst, vollkommen entspannt, in meiner eigenen Mitte, und ruhe in meinem eigenen inneren Frieden. Meine Phantasie ist frei, kreativ und spiele-

risch kann sie für mich tätig sein. Ich bitte sie nun, ein Bild
vor meinem inneren Auge entstehen zu lassen.....

Daran anschließend kannst du deine Meditationsübung durchführen. Wenn diese beendet ist, solltest du darauf achten, daß du wieder voll konzentriert im Hier und Jetzt bist und nicht etwa genüßlich weiterträumst.
Wachwerden ist ganz einfach: Du atmest einige Male tief ein und vollständig wieder aus. Dann spannst du alle Muskeln an Armen und Beinen und am ganzen Körper an und lockerst sie wieder. Du streckst dich wie morgens beim Aufwachen, runzelst die Stirn, kneifst die Augen zusammen – und öffnest sie. Dann bist du wieder da, und zwar voll konzentriert und tatenfreudig.
Aus guten Gründen habe ich die einleitende Entspannung und alle nachfolgenden Meditationsübungen in der Ich–Form geschrieben. So kannst du sie dir, wenn du willst, selbst auf eine Kassette sprechen und dich von deiner eigenen Stimme in die Meditation hineinführen lassen.
Achte auf jeden Fall darauf, daß du nach Beendigung der Meditation wieder GANZ wach bist. Wenn du dich noch etwas benommen fühlen solltest, atme dreimal tief ein und stell dir beim Einatmen vor, daß du eine Hülle aus weißem oder goldenem Licht ganz fest um dich ziehst.

WIE DU DURCH MEDITATION ANDERE UNTERSTÜTZEN KANNST

Vielen Menschen fällt es leichter, etwas für andere zu tun, als etwas für sich selbst zu tun.

Ich finde beides gleichermaßen wichtig.

Wenn du für andere meditierst, dann überträgt sich die Kraft deiner inneren Bilder auf die Menschen, an die du dabei denkst. Das bringt Verantwortung mit sich. Du darfst nämlich deine Hilfe nur im Sinne eines Angebots verstehen, du darfst niemals jemanden gedanklich „überreden" wollen.

Sende deshalb nur „neutrale" Gedanken wie Licht, Liebe und einige andere Werte, die du hier erwähnt findest. Laß dem anderen die Freiheit, damit umzugehen, wie er es für richtig hält.

Diese Übungen kannst du allein machen oder in der Gruppe. Für Meditationen in Gruppen braucht ihr eine entspannende Musik, die allen Teilnehmern gefällt, und jemanden, der ruhig und langsam den Text vorliest.

EINEM MENSCHEN LIEBE SENDEN

Du kannst einem Menschen, dem du dich verbunden fühlst, in einer Meditation deine Liebe schicken, wenn du aus irgendwelchen Gründen nicht bei ihm sein kannst. Er wird es spüren und keinen Mangel leiden.

Dasselbe kannst du auch für deine Haustiere tun, wenn du sie tagsüber allein lassen mußt. Sie werden sehr viel weniger unter deiner Abwesenheit leiden, als wenn du dauernd mit schlechtem Gewissen an sie denkst.

Ebenfalls sehr geeignet ist die Liebesübung dann, wenn du mit einem Menschen Schwierigkeiten hast. Schwierigkeiten räumst du am besten durch Liebe und Akzeptanz aus dem Weg. Diese Übung hilft dir dabei, dich friedlicher zu fühlen und auch den betreffenden Menschen friedlicher zu stimmen. Du wirst nach dieser Übung merken, daß du dich selbst in Bezug auf diesen Menschen anders fühlst – und das ist das Wesentliche. Änderungen (im Gefühl und im Verhalten) beginnen immer bei dir selbst und nicht bei anderen. Aber auch jener Mensch wird mit mehr Zuneigung und weniger Problematik an dich denken. Viele schwierige Beziehungen kannst du auf diese Weise soweit entspannen, daß nach einiger Zeit ein sachliches und friedliches Gespräch in gegenseitiger Anerkennung möglich ist. Warte, falls ein solches Gespräch ansteht, aber damit, bis du wirklich keine Widerstände gegen jenen Menschen mehr hast (sonst gibt es unweigerlich Streit, weil du Streitlust in das Gespräch mit hineingebracht hast).

Bei Menschen, die du liebst, wird es mit der Übung kaum Probleme geben. Ich empfehle dir, darauf zu achten, wie der Betreffende auf dein Liebesangebot reagiert. Ich kenne jemanden, der „aß" meine in der symbolischen Form des Herzens gesendete Liebe jedesmal auf. Ich empfing in der Meditation das entsprechende Bild. Ich erschrank zunächst ein wenig, aber dann wurde mir klar, wie „liebeshungrig" er war, wie nötig er also Liebe brauchte. Also sandte ich ihm täglich seine „Portion" Herzen, und nach einer Weile wurde er weniger hungrig, fing an, die gesendeten Herzen genauer zu betrachten und mit einem wohligen Lächeln unter sein Hemd zu stopfen. Ich war über diese empfangenen Bilder sehr amüsiert (was mich stark motivierte, weiterzumachen), und nach einer Weile traf ich diesen Menschen bei einem Spaziergang wieder. Er hatte seinen alten Groll auf mich vollständig vergessen! (Und ich meinen alten Groll auf ihn natürlich auch.)

Manche Menschen gehen aber im Gegensatz dazu sehr vorsichtig mit deinen gesendeten Liebessymbolen um. So kann es sein, daß du erlebst, wie jemand ein „Herz" ganz vorsichtig in die Hand nimmt oder es vor sich hinlegt und es eingehend betrachtet. Dann sei DU bitte auch vorsichtig und überschütte diesen Menschen nicht mit deinen Angeboten, sondern schicke ihm ein kleines Herz (vielleicht stellst du dir vor, es sei in einen hübschen Geschenkkarton verpackt) und stelle es gedanklich vor seine Tür oder lege es vor ihn hin. Und überlaß es ihm, was er damit macht.

Noch ein Wort zur Symbolik des Bildes: Das stärkste Liebessymbol ist, wie du weißt, das Herz. Deshalb verwende auch dieses Symbol und versende Herzen, am besten in einem schönen, leuchtenden Rot oder Rosa. Du brauchst keine inneren Widerstände zu entwickeln, wenn dir dieses Bild irgendwie „kitschig" vorkommen sollte. Es kommt nicht auf die künstlerische Gestaltung eines solchen meditativen Bildes an, sondern auf das innige Gefühl, das damit verbunden ist.

Deine inneren Bilder gehören dir allein und unterliegen keiner Zensur. Du kannst sie ruhig so kindlich oder zeichentrickhaft gestalten, wie du willst. Ich selbst bevorzuge sogar kindlich anmutende Bilder, weil sie eine ganze Reihe von Vorteilen haben: sie sind humorvoll, frei von irgendwelchem Leistungsdenken, begleitet von Heiterkeit und kommen sehr „von Herzen".

MEDITATION

Ich konzentriere mich auf mein Herz in der Mitte meiner Brust, und ich fühle, daß diese Stelle meines Körpers ganz warm, angenehm und friedlich ist. Der innere Frieden, den ich dort empfinde, breitet sich nun ganz allmählich in meinem ganzen Körper aus. Ich fühle mich im Einklang mit der Welt und mit dem Menschen, für den ich diese Meditation durchführen will. Ich bin ein ganz von Liebe und innerem Frieden erfülltes Wesen, und wenn ich genau hinfühle, dann kann ich auf meinem Gesicht jetzt sogar ein Lächeln spüren.

Ich fühle jetzt, wie sich mein Herz öffnet. Es öffnet sich ganz weit, und das friedliche und liebevolle Gefühl in mir verstärkt sich noch. Ich stelle mir jetzt vor, wie leuchtende kleine Herzen direkt aus der Mitte meiner Brust, aus meinem liebenden Herzen kommen, erst eines oder zwei, dann immer mehr, ein ganzer Strom von leuchtenden, tanzenden, heiteren kleinen und größeren Herzen, die sich zu einer flimmernden, schimmernden Wolke formieren, die ich jetzt direkt vor mir sehe.

Diese Herzen schicke ich jetzt auf die Reise zu dem Menschen, dem ich meine Liebe senden will. Wenn ich möchte, kann ich mir vorstellen, daß all den Herzen kleine Flügel wachsen, auf denen sie in den blauen Himmel hinaufsteigen und sich auf den Weg machen zu dem Menschen, der meine Liebe braucht. Vielleicht fliegen sie aber auch ganz von allein. Auf jeden Fall aber tanzen, leuchten und schweben alle diese Herzen auf und davon, wie eine rosa leuchtende Wolke, und ich stelle mir vor, wie diese Wolke bei dem Menschen ankommt, an den ich denke, und ihn ganz einhüllt.

Ich sehe jetzt, wie jener Mensch sich über all die Herzen, über die Symbole meiner Liebe zu ihm, freut. Vielleicht streckt er seine Hände aus und läßt die leuchtenden rosa Herzen sich darauf niedersetzen. Vielleicht setzen sich die Herzen auch auf seine Brust und verschmelzen mit ihm, indem sie ihn ganz und gar in ihr schönes Leuchten einhüllen.

Vielleicht sieht er meine Liebe als etwas ganz Kostbares an, das man zartfühlend behandeln muß und betrachtet die Herzen erst einmal nur vorsichtig und sorgsam.

Was auch immer ich sehe, es ist irgendeine Form von Freude und Dankbarkeit bei dem geliebten Menschen. Ich fühle mich jetzt mit ihm sehr stark verbunden, mein eigenes Herz ist ganz weit und angefüllt mit Zuneigung und Liebe, und ich freue mich über dieses wunderbare Gefühl.

Ich schaue jetzt zu, wie die Herzen den geliebten Men-
schen immer mehr und mehr einhüllen, ihn ganz in einen
Schimmer von rosigem Licht hüllen, und ich fühle tiefen
Frieden.

Ich bleibe in diesem gedanklichen Bild, solange ich möch-
te. Wenn ich mich dann aus dieser Meditation zurückzie-
he, geschieht das ganz sanft. Ich lasse das Bild des Men-
schen, den ich liebe, allmählich kleiner und ferner werden.
Vielleicht schenkt er mir ein Lächeln als Zeichen dafür,
daß er meine Botschaft empfangen hat. Ich stelle mir vor,
daß sein Bild sich in einem schimmernden Nebel aus rosa-
farbenem Leuchten auflöst, und wenn ich jetzt allmählich
in meinen Alltag zurückkehre, dann bewahre ich mir das
schöne Gefühl von Einklang, Liebe und Frieden in mir
selbst.

GESUNDHEIT FÜR ANDERE

Machen wir uns nichts vor: DU kannst niemanden heilen.
ICH auch nicht.

Heilung kann immer nur SELBSTHEILUNG sein, bewirkt durch den unerschütterlichen Glauben, daß Körper, Geist und Seele im Grunde intakt sind und bei Störungen in der Lage bleiben, ihre ursprüngliche Intaktheit wiederherzustellen.

Krankheit ist nichts weiteres als eine Störung. Wir müssen uns damit ein wenig näher befassen, damit du nachher weißt, was du tun kannst, um anderen zu HELFEN, wieder an ihre Selbstheilungskräfte zu glauben.

Zum einen ist körperliche Krankheit eine Störung des Bewußtseins, eine nicht erkannte Lernaufgabe. Ein Problem, das jemand nicht erkennen will, manifestiert sich als Krankheit – mit einem mehr als deutlichen Hinweischarakter. Jede Krankheit hat eine Aussagefunktion, die mit etwas Übung und Einfühlungsvermögen ziemlich leicht entschlüsselt werden kann. Es gibt genug einschlägige Fachliteratur darüber. Wenn dich das Thema interessiert, wirst du genügend Bücher dazu finden. Zum andern resultiert Krankheit immer aus dem Gefühl heraus, daß der betroffene Mensch sich nicht genug geliebt fühlt. Und der Grund DAFÜR wiederum ist die innere Überzeugung, nicht liebensWERT zu sein.

Deshalb mußt du bei Übungen, die der Gesundung anderer Menschen dienen, zweierlei beachten: es genügt nicht, wenn du gedanklich etwas für seine Gesundheit tust. Du solltest außerdem Symbole für ERKENNTNIS und für

LIEBE mitschicken. Denn beides sind Werte, die einem Kranken schmerzhaft fehlen.

Und dann mußt du dem Kranken die Freiheit lassen, mit deinen Botschaften zu tun, was er möchte. Vielleicht gewinnt er dadurch den Glauben an seine Selbstheilungskräfte zurück, und er wird gesund. Das muß ihm nicht bewußt werden, es genügt, wenn sein Unterbewußtsein die Botschaft empfängt und annimmt.

Wenn der Kranke es vorzieht, krank zu bleiben, dann ist das seine eigene Entscheidung, und das muß akzeptiert werden, auch wenn es für dich vielleicht sehr schmerzlich ist. Alle Hilfe, die du gibst, kannst und darfst du nur in der Form eines OFFENEN ANGEBOTES geben.

Wenn du dich darüber hinwegsetzt und jemanden ZWINGEN willst, gesund zu werden, dann lebst du damit deine eigenen Machtansprüche aus, und zwingen lassen wird sich dadurch dennoch niemand.

Sei aber versichert, daß es sehr oft hilfreich ist, jemandem gedanklich bei der Gesundung zu helfen. Sein Unterbewußtsein ist häufig sehr offen und dankbar für diese Hilfestellung. Wenn du diese Übung in einer Gruppe durchführen möchtest, so ist das ein sehr guter Gedanke. Vier oder fünf oder mehr Gehirne und Herzen zusammen senden natürlich viel stärkere Signale als ein einzelnes. So gibt es Gruppen, deren Arbeitsschwerpunkt es ist, anderen bei der Gesundung zu helfen, und das ist, wenn die obengenannten Gedanken berücksichtigt werden, wirklich sehr hilfreich.

Respektierst du die Freiheit des Kranken und sendest außer der Gesundheitsinformation auch Erkenntnis und vor allem Liebe, dann brauchst du auch nicht zu befürchten, daß dich diese Meditation Kraft kostet oder deiner eigenen Gesundheit schadet. Menschen, die jemanden „heilen" und daraufhin selber dessen Symptome bekommen, machen es falsch: sie achten den anderen nicht genug und WOLLEN unbedingt, daß er gesund wird, sie handeln also aus eigenen Machtansprüchen heraus und nicht aus wirklicher Akzeptanz und Liebe.

MEDITATION

Ich stelle mir einen Menschen (es kann auch ein Tier sein) vor, der krank ist und dem ich helfen möchte, sein Vertrauen in die Vollkommenheit seines Körpers, seines Geistes und seiner Seele wiederzufinden. Ich stelle mir diesen Menschen jetzt ganz genau vor, und ich spüre nun in meiner Herzgegend, daß sich Zuneigung, Wärme und Liebe zu diesem Menschen in mir auszubreiten beginnen.
Ich stelle mir nun vor, wie ich auf diesen Menschen zugehe, ihn bei den Händen nehme und sanft an meine Brust ziehe, und wie ich ihn dann voller Liebe, Achtung und Zuneigung in die Arme nehme und an mein Herz drücke.
Ich bleibe eine Weile so und spüre, wie mein eigenes Herz vor Liebe überfließt, und wie diese überfließende Wärme sich jetzt zeigt in Gestalt einer schimmernden, goldenen Wolke, die aus meinem Herzen strömt und mich und den geliebten Menschen ganz einhüllt und wie eine Hülle aus sanftem, wärmendem Licht umgibt. Wenn ich mich jetzt in diesem Bild wieder von dem Menschen löse, dann sehe

und empfinde ich, wie die Hülle aus Schutz und Liebe um ihn bestehen bleibt.

Nun sehe ich, wie kleine silberweiße Lichtpunkte wie flimmernde Sternschnuppen von oben ins Bild fallen, wie sie langsam in die schützende Lichthülle dieses Menschen hineinwandern und deren Leuchten verstärken. Ich sehe, wie immer und immer mehr von diesem Lichtpunkten von oben heruntertänzeln und der Mensch schließlich wie in einem silberweißen Regen steht, wie das Licht ihn einhüllt und sich mit dem goldenen Leuchten der Herzenswärme vermischt und verbindet.

Dann beobachte ich, wie dieses golden–silberweiße Lichtgemisch anfängt, den anderen ganz auszufüllen, bis er dasteht wie ein strahlendes, leuchtendes Wesen, ganz im Licht und ganz voller Licht.

Und nun stelle ich mir vor, daß dieser Mensch vollkommen gesund, entspannt und glücklich ist. Alle Spuren seiner Krankheit sind restlos verschwunden. Ich sehe ihn vollkommen gesund, glückstrahlend und beschwingt.

Ich bleibe eine Weile bei diesem Bild und fühle tiefen Dank in meinem Herzen darüber, daß dieses Wunder möglich ist.

Wenn ich nun beginne, mich wieder aus diesen gedanklichen Bildern zurückzuziehen, dann behalte ich die Gefühle der Hoffnung und der tiefen Dankbarkeit und auch die Gewißheit meiner ehrlichen und tiefen Zuneigung für diesen Menschen.

IN GÖTTLICHER GEBORGENHEIT

Ganz gleich, was du für einen anderne Menschen tust –
manchmal ist es nicht genug.

Dies hat zwei Gründe: Erstens darfst du einem anderen
Menschen, wenn du gedanklich für ihn arbeitest, keine
konkreten Lösungsvorschläge anbieten. Das kannst du im
Gespräch tun, und er hat dann die Freiheit, deine Lösungsvorschläge zu überdenken und sie anzunehmen oder
auch nicht.

Wenn du gedanklich für jemanden arbeitest, hat er diese
Freiheit der Wahl in sehr viel begrenzterem Umfang.
Manche Menschen spüren, wenn jemand an sie oder für
sie denkt, und sie können gedanklich dazu Position bezie-
hen.

Aber viele andere sind nicht so geschult im Empfinden
gedanklicher Kräfte. Wenn jemand an sie denkt, glauben
sie, diese Gedanken seien ihre eigenen. Das ist der Grund,
warum du in der Meditation NIEMALS etwas konkret für
einen anderen vorgeben darfst. Du kennst seine Gründe
nicht, weißt nicht, wo er auf seinem Entwicklungsweg ist
und warum er dort ist, wo er ist. Du bist nicht Gott.

Und das ist der zweite Grund: du bist nicht Gott. Du bist
nur der Schöpfer deiner eigenen persönlichen Wirklichkeit, aber du mußt dich aus der Schöpfung der Wirklichkeit anderer Leute heraushalten. Wenn du also merkst,
daß deine gedankliche Hilfe nicht ausreicht, dann ist das
Klügste, was du tun kannst, daß du diesen Menschen in
die Arme Gottes legst.

Damit hast du die Verantwortung für diesen Menschen abgegeben, und zwar an die einzige Instanz, an die du sie abgeben DARFST.

Mach dir allerdings bewußt, daß du dann NICHTS MEHR DAMIT ZU TUN HAST, wie dieser Mensch sich weiterentwickelt. Überlaß das ihm.

Und GOTT.

Das heißt NICHT, daß du diesen Menschen meidest oder ihm nicht mehr hilfst, wenn er dich um Hilfe bittet. Das heißt es ganz und gar nicht. Sondern das heißt, daß du diesen Menschen FREILÄSST, seine eigenen Entscheidungen zu treffen, wenn er das will. Er ist geschützt und in Sicherheit.

Es ist übrigens gleichgültig (von gleicher Gültigkeit), welcher Religion du angehörst oder ob du überhaupt einer Religionsgemeinschaft angehörst und an welchen Gott du glaubst.

Das einzige, was zählt, ist, DASS DU GLAUBST.

Wenn in der folgenden Übung von GOTT die Rede ist, dann stell dir den Gott vor, der für dich die höchste Instanz ist – egal „wer" das ist. Die einzige Auflage lautet: Es muß ein Gott sein, der das Gute im Menschen fördert, der für Wachstum, Entwicklung und Liebe eintritt.

MEDITATION

Ich entspanne und versenke mich, und dann erlaube ich den kreativen Kräften meiner Gedanken und den liebenden Kräften meines Herzens, frei zu sein.

Ich stelle mir jetzt einen Menschen vor, den ich von Herzen liebe, der ein Problem hat und dafür Hilfe benötigt. Ich stelle mir diesen Menschen ganz deutlich und bildhaft vor, und ich kann spüren, wie sich mein Herz öffnet und die liebende Teilnahme für diesen Menschen mich ganz erfüllt.

Dann stelle ich mir vor, daß sich langsam eine Kuppel aus Licht um diesen Menschen bildet. Ganz sanft und allmählich beginnt es um diesem Menschen herum zu leuchten. Das Licht, das ihn umgibt, ist ein sanftes, goldenes Glühen, das sich verstärkt und immer mehr verstärkt, bis dieser Mensch ganz eingehüllt und geborgen ist in einem Mantel aus goldenem, weichem, liebevollem Licht.

Ich kann es bei diesem Bild belassen und intensiv fühlen, daß dieser Mensch nun geborgen ist und Gottes Schutz genießt. Es ist für ihn gesorgt, in der besten Weise, in der für ihn gesorgt werden kann. Ich mache mir dieses Gefühl jetzt richtig bewußt, und ich kann diese Sicherheit und liebevolle Geborgenheit jetzt auch selber spüren und lasse mich ganz davon erfüllen.

Ich kann aber auch noch ein weiteres Bild gestalten, wenn ich möchte. Wenn ich eine bildliche Vorstellung von einer Gottheit besitze, an die ich uneingeschränkt glaube, dann kann ich mir vorstellen, wie das Bild dieser Gottheit sich allmählich aus dem goldenen Leuchten formiert. Es ist ein Gott meines Glaubens – es kann Christus sein, Buddha, einer der ungezählten Heiligen, eine Naturgottheit oder ein anderes göttliches Symbol. Meine Seele findet das richtige Symbol.

Ich sehe nun, wie dieses Sinnbild Gottes den Menschen, für den ich bete, liebevoll in seine Arme nimmt, ihn hält und beschützt, als sei er ein Kind.

Ich bleibe eine Weile bei diesem Bild und spüre die liebevolle Sicherheit, die davon ausgeht. Dieser Mensch ist geschützt in der vollständigsten Weise, die ich mir vorstellen kann, und noch weit darüber hinaus.

Ich bleibe mir des göttlichen Schutzes für diesen Menschen und für die ganze Schöpfung tief bewußt, auch wenn ich mich jetzt langsam wieder aus diesen inneren Bildern zurückziehe.

VERZEIHEN

Verzeihen ist sehr wichtig.

Laß uns einmal gemeinsam überlegen, was Verzeihen wirklich bedeutet. Dazu solltest du dir unmißverständlich klarmachen, daß es überhaupt nichts gibt, was dir jemand ANTUN könnte, und schon gar nicht etwa böswillig. Alles, was so aussieht, als sei es ein Angriff, eine Beleidigung, ein Übergriff auf deine persönliche Freiheit, ist in Wirklichkeit ein HINWEIS. Du wirst dadurch auf etwas hingewiesen, was du zu bearbeiten hast. Wenn zum Beispiel jemand ständig deine persönliche Entfaltung einzuschränken versucht, dann steckt darin wahrscheinlich die Information für dich, daß du deine persönliche Entfaltung unbedingt in die eigenen Hände zu nehmen hast (und in die eigene Verantwortung), und daß du deine Grenzen sichern mußt.

Wenn du unangenehme Ereignisse, die von anderen Menschen kommen, unter dem Aspekt des Hinweises verstehst, dann kannst du eigentlich auf niemanden mehr schlecht zu sprechen sein. (Ich gebe zu, daß das eine Idealforderung ist, aber das ändert nichts an der Tatsache, daß dies richtig und allgemeingültig ist.)

Wenn du das wirklich verinnerlicht hast, dann wirst du alles verzeihen. Du wirst dir aber keineswegs alles gefallen lassen. Nun wirst du wahrscheinlich einwenden, daß VERSTEHEN dir das Verzeihen erheblich erleichtern würde. Das tut es, aber es muß sich um eine ganz bestimmte Art des Verstehens handeln. Die Motive des ANDEREN zu verstehen, ist nicht notwendig. Die Motive des Anderen gehören ihm und sind nicht deine Sache. Wenn du glaubst, du mußt IHN verstehen, um ihm verzeihen zu können, dann verzeihst du nicht wirklich.

Was du verstehen mußt, ist das, was die Sache für dich bedeutet. Du muß sie als ENTWICKLUNGSHINWEIS FÜR DICH verstehen. Dann bist du bereit zum wirklichen Verzeihen.

MEDITATION

Ich entspanne und versenke mich, und dann stelle ich mir vor, daß ich mich mitten auf einer weiten, grünen Sommerwiese befinde. Ich kann mir jeden Grashalm, jede Blume in allen Einzelheiten vorstellen und vor meinem inneren Auge sehen.

Ich blicke zum fernen Horizont und sehe von dort langsam eine Gestalt auf mich zukommen. Sowie die Gestalt näher kommt, erkenne ich, daß es sich um einen Menschen handelt, dem ich etwas zu verzeihen habe.

Ich beobachte, wie dieser Mensch näher kommt, und dann gehe ich ihm ein Stück des Weges entgegen. Wir bleiben voreinander stehen, und ich reiche diesem Menschen meine beiden Hände. Ich spüre die Verbundenheit und die tiefe Zuneigung zwischen ihm und mir. Ich blicke ihm direkt in die Augen, und dann sage ich ihm, daß ich seine Botschaft verstanden habe, daß ich allen Groll gegen ihn habe gehen lassen und daß ich ihm aus tiefstem Herzen verzeihe. Ich bedanke mich sogar für den wichtigen Entwicklungsschritt in meinem Leben, den ich mit seiner Hilfe habe tun können.

Ich bleibe eine Weile so stehen, Hand in Hand mit dem anderen, und dann bitte ich auch ihn, daß er mir verzeiht, wenn ich ihm etwas vermittelt haben sollte, das ihm weh getan hat.

Er stimmt mir zu, und ich spüre den leichten Druck seiner Hände und ich drücke auch seine Hände zustimmend. Ich sehe, daß er lächelt, und auch ich spüre jetzt ein Lächeln auf meinem Gesicht. Dann verabschiede ich mich freundlich und in Dankbarkeit, und jener Mensch und ich gehen davon – vielleicht gehen wir auf verschiedenen Wegen, vielleicht nehmen wir auch für eine Strecke denselben Weg.

Ich ziehe mich jetzt aus meinen gedanklichen Bilden zurück mit einem umfassenden Gefühl des Friedens und der liebevollen Verbundenheit mit diesem Menschen.

FÜR DIESE ERDE

Dasselbe, was du für einen Menschen oder eine Gruppe von Menschen tun kannst, kannst du auch für diese Erde tun: Schenk ihr Licht (Erkenntnis), Liebe und Heilung.

Diese Erde ist dein Wohnort, und du solltest in genau der gleichen Weise zu ihrer Sauberkeit und Harmonie beitragen, wie du auch für Sauberkeit und Harmonie in deiner Wohnung Sorge trägst.

Alle Menschen tragen in derselben Weise Verantwortung für unsere Erde. Du auch. Du bist, wirst du vielleicht einwenden, einer von, sagen wir, fünf Milliarden Erdbewohnern. Wenn du deiner Sorgfaltspflicht nicht nachkommst, wird das nicht auffallen.

Sei sicher, es WIRD auffallen. Es ist vielleicht ein Fünfmilliardstel zu wenig Sorgfaltspflicht, aber es ist zu WENIG. Also solltest du dir deiner Verantwortung bewußt werden. Das heißt, daß du im Alltag bewußt lebst, alles, was auf und von der Erde lebt, achtest und so wenig Umweltverschmutzung wie möglich produzierst. Ob und inwieweit du in Gruppen aktiv wirst, um etwas zu verbessern, ist deine persönliche Entscheidung.

Ich finde es wichtig, daß auf beiden Ebenen etwas für unsere Erde getan wird: aktiv und gedanklich.

Die gedankliche Arbeit kann man nicht wichtig genug nehmen, und sie wird oft unterschätzt.

Es wird dir klar sein, daß jeder Gedanke das Bestreben hat, sich zu verwirklichen. Das gilt für Gedanken jeder Art und jeder Qualität, aufbauende und zerstörerische.

Wenn also „allgemein" gedacht wird, daß diese Erde sowieso nicht mehr zu retten ist, dann ist das UNVERANT-

WORTLICH, denn es trägt dazu bei, daß dieser Gedanke Form annimmt und die Erde es tatsächlich viel schwerer als nötig hat, sich zu regenerieren.

Ich persönlich glaube, daß das noch immer möglich ist, wenn wir Menschen es nur endlich auch FÜR MÖGLICH HALTEN würden. Die Erde nicht mehr für unrettbar verloren zu halten, würde unser Bewußtsein radikal verändern. Wir würden uns ab sofort verantwortungsbewußt verhalten, die Umweltverschmutzung SOFORT reduzieren und so bald wie möglich einstellen, und wir würden Achtung vor der gesamten Schöpfung entwickeln. Du selbst kannst durch Meditation dazu beitragen, daß dieses Ziel näherrückt. Wenn du gedanklich etwas für diese Erde tust, änderst du dein eigenes Bewußtsein ihr gegenüber. Und du trägst dazu bei, daß es ein paar negative Gedanken weniger gibt und ein paar positive Gedanken mehr.

Diese Übung kannst du allein machen, wann immer sich die Gelegenheit bietet.

Sie eignet sich aber auch VORZÜGLICH für die Meditation in Gruppen, was den Vorteil hat, sehr viel stärkere gedankliche Kräfte freizusetzen.

Also schenk der Erde Heilung – und vielleicht noch einen vollkommenen Regenbogen aus dem Licht der Transformation (den kannst du dir bei der Übung dazudenken, wenn du willst)!

MEDITATION

Ich stelle mir vor, daß ich mich im Weltall befinde, nur in Gedanken, aber meine Vorstellungskraft ist frei und grenzenlos.

Ich schwebe im All und sehe vor mir eine große, leuchtende, blauweiß schimmernde Kugel wie einen schwebenden Edelstein: Die Erde.

Ich sehe die schimmernde Lufthülle, die die Erde umgibt, das leuchtende Blau der Meere und die beweglichen weißen Muster der Wolken, die langsam über die Ozeane und das Braun und Grün der Kontinente ziehen. Das Bild, das ich sehe, ist von überwältigender Schönheit. Dieser schimmernde, leuchtende Planet dort ist der Ort, wo ich mich zu Hause fühle. Ich mache mir jetzt bewußt, wie dankbar ich bin, auf diesem schwebenden Edelstein zu leben, und ich mache mir ebenso bewußt, daß ich diese Erde liebe. Ich spüre, wie mein Herz weit wird, und wie ein sanftes goldenes Leuchten aus meinem Herzen zur Erde hin strömt und sie einhüllt in einen schimmernden goldenen Schleier. Ich stelle mir vor, wie das Leuchten wärmer und intensiver wird, und ebenso intensiviert sich das Gefühl von Dankbarkeit und Liebe in meinem eigenen Herzen.

Ich verharre eine Weile in diesem Gefühl der Liebe und Verbundenheit und nehme das Bild und das Gefühl in mich auf. Dann stelle ich mir vor, wie aus dem Kosmos viele schimmernde silberhelle Lichtpunkte geflogen kommen und ebenfalls einen leuchtenden Schleier um die Erde formieren. Es werden immer mehr silberweiße leuchtende Lichtpunkte, und die Erde ist schließlich eingehüllt in einen Schleier aus tanzendem goldenen und weißen Licht.

Ich bleibe eine Weile so, betrachte das Bild und nehme das Gefühl intensiver Liebe und schützender Geborgenheit tief in mich auf.

Das Gefühl der Liebe, Achtung und Verantwortung für unsere Erde nehme ich mir mir, wenn ich mich jetzt allmählich aus den Bildern meiner Gedanken wieder zurückziehe.

MEDITATIONEN FÜR MEHR LICHT IN DEINEN LIEBESBEZIEHUNGEN

Diese Übungen machst du am besten für dich allein. Sie bringen dir mehr Klarheit und Einsicht, und sie erleichtern dir Trennung und Verzeihen.

DIE DANKBARE VERABSCHIEDUNG

Wenn eine Beziehung mit einem geliebten Menschen zu Ende ist, dann kannst du ihm und dir mit dieser Meditation den Abschied leichter machen.

Ich finde es wichtig, daß man sich über die richtige Art, jemanden zu verabschieden, ein paar Gedanken macht. Die meisten Menschen verstehen nämlich nichts von der Kunst des Abschiednehmens. Sie sagen „Auf Wiedersehen" anstatt „Lebewohl", und damit haben sie sich nämlich gerade NICHT verabschiedet.

Und oft lassen sie einen anderen Menschen, mit dem sie eine Strecke des Weges gemeinsam gegangen sind, mit Groll im Herzen davonziehen. Das ist wirklich eine traurige Art des Abschiednehmens.

Viel weiser ist es, vor allem zwei Dinge zu beachten. Erstens: man gebe dem anderen AUSDRÜCKLICH seine

Freiheit zurück und nehme auch die eigene Freiheit wieder in Anspruch. Zweitens: Man BEDANKE sich bei dem anderen für das, was man mit ihm erlebt, für das, was man durch ihn gelernt hat. Dann lasse man ihn in Frieden ziehen und gehe ebenfalls friedlich seiner Wege.

Für diese Übung mußt du dir ein wenig mehr Zeit nehmen als für die meisten anderen Meditationen. Mach sie für jeden Menschen, den du aus deinem Leben verabschiedet hast oder der aus deinem Leben fortgegangen ist. Mach sie GERADE für jene Menschen, für die du noch einen Rest von Groll oder irgendein anderes negatives Gefühl empfindest.

Mach diese Übung für EINEN Menschen immer so lange, bis es sich in deinem Herzen richtig gut anfühlt. Erst dann hast du ihn richtig verabschiedet. Warte ein paar Tage (oder Wochen), und beginne dann mit dieser Übung für einen anderen Menschen.

So schaffst du Ordnung in deinem Leben und schließt offene Beziehungskreise. Erst wenn du diese Übung für die wichtigsten Personen, die aus deinem Leben fortgegangen sind, gemacht hast, bist du wirklich frei für dich und frei für andere, zufriedenstellendere und liebevollere Beziehungen.

Es ist übrigens nicht schlimm, wenn du ein paar Monate oder ein Jahr brauchst, bis du alle noch offenen Kreise geschlossen hast. Was ist schon ein Jahr im Vergleich zu einem ganzen Leben, was ist schon ein Jahr im Vergleich zu den vielen Leben, die du hast? Du wirst merken, wie sich durch diese Übung innerlich sehr viel bei dir zum Frieden und zur Liebe hin ändert.

MEDITATION

Ich begebe mich in Gedanken auf eine blühende Bergwiese.

Ich bin hierhergekommen, um den Menschen zu treffen, von dem ich mich in Freundschaft und Dankbarkeit verabschieden will. Ich sehe jetzt diesen geliebten Menschen aus der Ferne auf mich zukommen, und ich gehe ihm ein Stück entgegen, bis ich ihm an einer Stelle begegne, wo viele Wege aufeinandertreffen.

Ich stehe ihm jetzt gegenüber, und ich nehme seine beiden Hände in meine Hände und schaue ihm in die Augen. Ich sage diesem Menschen nun, daß ich mich bei ihm bedanke für das Schöne, das er und ich miteinander erlebt haben, und daß ich mich genauso bedanke für das, was ich mit ihm gelernt habe. Auch wenn es manchmal schmerzlich war – ich bin daran gewachsen, ich bin wissender, vollkommener geworden, und der Schmerz ist vergangen.

Und ich sage diesem Menschen auch, daß ich ihn freigebe, und daß auch ich mir meine Freiheit in Freundschaft zurücknehme. Ich werde sehen, daß er lächelt und mich tatsächlich freigibt, und unsere Hände lösen sich jetzt voneinander.

Ich sehe, wie der geliebte Mensch sich umdreht und auf einem der vielen Wege davongeht. Ich schaue ihm noch eine kleine Weile nach und fühle, daß ich ihn wirklich in Frieden und Freiheit gehen lassen kann, und ganz bestimmt fühle ich ein Lächeln auf meinem Gesicht.

Jetzt drehe ich mich um und gehe einen Weg, den ich mir gewählt habe, und der mein ganz eigener Weg ist, ein ganz anderer als der, den der Mensch geht, von dem ich mich gerade verabschiedet habe.

Ich gehe vorwärts, und das Gehen ist leicht, ich spüre die warme Sonne auf meinem Körper, sehe die Blumen am Wegrand und den blauen Horizont in der Ferne, und ich fühle, daß ich wirklich frei bin.

Ich spüre die Freude über meine neue Freiheit und freue mich auf all das Neue und Schöne, das mich auf meinem ganz eigenen Weg erwartet. Ich nehme dieses Gefühl der Freiheit und Leichtigkeit jetzt mit in diesen Tag und bewahre es mir in meinem leicht gewordenen Herzen, auch wenn ich allmählich beginne, mich aus diesen inneren Bildern wieder zurückzuziehen.

KETTEN LÖSEN

Jeder Mensch macht diese Erfahrung irgendwann: Man stellt plötzlich fest, daß man an einen anderen Menschen gebunden ist, als hielten einen eiserne Ketten.

Das ist ein Zustand, der der seelischen Gesundheit wenig förderlich ist, und deshalb ist es Zeit, daß du diesen Zustand beendest, wenn du dich in einer solchen Lage befinden solltest.

Befreie dein Herz, befreie dich, und damit befreist du auch den anderen Menschen, an den du dich gebunden fühlst. Denn wisse, er ist in der gleichen Weise an dich gebunden wie du an ihn.

Es ist nicht wichtig, ob du dich auf diese Art von einem geliebten Mann oder einer geliebten Frau trennen willst, von deinem Kind, das alt genug ist, aus dem Haus zu gehen, von einem engen Freund oder deinem Vater oder deiner Mutter, aus dem einfachen Grund, weil DU jetzt reif genug bist, in die Welt hinauszugehen und deine eigenen Wege zu finden.

Wichtig ist nur eines: daß die Trennung sanft geschieht.

MEDITATION

Ich stelle mir mein eigenes Herz vor, und ich sehe die Herzensbindung, die ich erlösen möchte, in ihrer symbolischen Gestalt: Ich sehe mein Herz gekettet und von eisernen Bändern umwunden.

Ich schaue mir dieses innere Bild genau an, und ich erlaube mir auch, den Schmerz zu fühlen, der durch diese Bindung verursacht wird. Ich schaue mir an, wie die Fesseln be-

schaffen sind, die mein Herz gefangen halten: vielleicht sind es starke Ketten, oder auch nur ganz dünne, vielleicht sind es eiserne Bänder, die mein Herz einschnüren, und vielleicht ist auch ein Schloß dabei, für das es keinen Schlüssel mehr gibt.

Welches Bild auch immer ich sehe: Mit Hilfe meiner Vorstellungskraft werde ich es transformieren, ich werde es auflösen.

Wenn ich jetzt die Bänder, die mein Herz umschlungen halten, genau betrachte, sehe ich, wie sie allmählich beginnen, sich zu verwandeln: Ich sehe, wie kleine Blumen aus diesen Bändern wachsen, wie das Metall der Ketten sich in blühende Girlanden verwandelt, die immer weiter und weiter wachsen und so mehr und mehr Eisen in Blüten verwandeln.

Mit der Hilfe meiner Phantasie ist das ganz leicht, ich kann die Blumen einfach wachsen lassen, und ich vollziehe die Verwandlung vollständig, auch auf der Rückseite des Herzens, bis alles Eisen in bunte duftende Blütenbänder verwandelt ist. Wenn ich auf meinem Herzen ein Schloß finde, das keinen Schlüssel hat, dann lasse ich aus dem Schloß einfach eine besonders schöne, große Blüte wachsen, lasse es sich auflösen und transformieren in eine wunderschöne Blume.

So wie die Verwandlung der Ketten in blühende Girlanden sich vollzieht, so kann ich fühlen, wie es leichter und immer leichter in meinem Herzen wird, wie der Schmerz sich einfach auflöst, wie die Beklemmung verschwindet und einer inneren Fröhlichkeit und Leichtigkeit Platz macht.

Jetzt kann ich meinem Herzen Flügel verleihen, so leicht ist es geworden, und ich sehe, wie es auf bunten Flügeln hochsteigt in einen heiteren Himmel und wie die Blumengirlanden abfallen, ganz leicht, weil mein Herz vollständig frei ist und erlöst. Es kann fliegen, wohin es will.

Wenn ich möchte, kann ich die Blumengirlanden dem Menschen schenken, den ich aus meinem Herzen freigelassen habe, ich kann aber auch einfach zuschauen, wie die Blütenbänder sich auflösen und davonfliegen mit dem Wind.

So leicht wie diese inneren Bilder fühle ich mich nun auch, befreit und heiter und erlöst, frei von jeglichem Schmerz, und frei von jeglicher Fessel. Ich bewahre mir dieses schöne Gefühl des Freiseins für diesen Tag und für jede Situation, in der ich es brauchen werde, auch wenn ich mich jetzt allmählich aus diesen inneren Bildern zurückziehe.

DIE VÖGEL – FREIHEIT FÜR ZWEI

Dies ist eine Übung für mehr persönliche und gegenseitige Freiheit in Liebesbeziehungen.

Diese Übung unterscheidet sich insofern von den meisten anderen in diesem Buch, als du zwar zunächst ein Bild vorgibst, dann aber einfach abwartest, wie sich dieses innere Bild weiterentwickelt. Du schaust einfach zu, was geschieht – und du lernst dabei eine Menge über die schwachen und die starken Punkte in deiner gegenwärtigen Liebesbeziehung.

Viele Menschen nehmen sich in einer Beziehung gegenseitig die Freiheit – sei es aus Angst, selbständig zu sein, sei es aus Angst, den Partner zu verlieren, sei es aus anderen Gründen.

Sie sind buchstäblich wie zwei Vögel, die an den Flügeln zusammengebunden sind. Auf diese Weise blockieren sie sich derart, daß keiner von ihnen fliegen kann, sprich: keiner von ihnen seine Möglichkeiten verwirklichen kann. Die Folge sind Frustration, Ärger auf den anderen und auf sich selbst, unentdeckte und unterentwickelte Lebenschancen und oft genug Scheitern der Beziehung und Trennung.

Das alles müßte nicht sein, wenn die beiden mehr über sich selbst und über den anderen wüßten – und sich und ihm die Freiheit ließen, zu tun, was wichtig und richtig ist.

Mit dieser Übung kannst du Einblick in deine Beziehungsstruktur nehmen und gleichzeitig für mehr Freiheit Sorge tragen.

MEDITATION

Die gesamte MEDITATION besteht darin, daß du dir zwei Vögel vorstellst, die an den Flügeln aneinandergebunden sind. Dann löst du das Band, und sie sind frei. Schau zu, wie sie sich weiter verhalten. Gib dir dafür 20 bis 30 Minuten Zeit.

EINFACHE MEDITATION FÜR DICH SELBST

Suche dir am besten einige dieser Übungen aus, die du dann häufiger durchführst. Du wirst spüren, daß du dich tatsächlich dadurch positiv veränderst, daß du dein Leben klarer siehst und mutiger anfaßt.

Du kannst diese Übungen allein machen oder in der Gruppe, wenn ihr gemeinsam an eurer Selbstfindung arbeiten wollt.

GESUNDHEIT FÜR DICH

Wenn du krank bist, bemühe dich bitte schnellstens darum, die Information, die die Krankheit für dich bereithält, zu erkennen.

Das ERKENNEN der Information ist ziemlich einfach. Die Kunst besteht darin, Krankheiten WÖRTLICH zu nehmen. Wenn du z.B. einen kranken Fuß hast, will er dir sehr wahrscheinlich sagen, daß irgend was nicht so GEHT, wie es soll.

Schwieriger ist es, die Information ANZUNEHMEN. Du bist ja deshalb krank geworden, weil dein Bewußtsein sich geweigert hat zu erkennen, was zu erkennen notwendig gewesen wäre.

Also mußt du dich ein bißchen anstrengen und ehrlich mit dir selbst sein. Der friedlichere und weitere Bewußtseinszustand in der Meditation hilft dir dabei.

Du kannst die hier beschriebene Übung für GESUNDHEIT ALLGEMEIN durchführen, so oft es dir not–wendig erscheint. Vielleicht stellst du schon nach einer einzigen Meditation fest, daß es dir besser geht, daß deine Symptome verschwinden und du jetzt tätig wirst und die verpaßte Lebenslektion nachholst, auf die dich die Krankheit hingewiesen hat. Vielleicht brauchst du auch mehrere Meditationen, wenn dein Krankheitsmuster schon sehr verfestigt ist.

Das gilt für Störungen, die nicht lebensbedrohlich sind. Wenn du eine Krankheit hast, die dein Leben bedroht, dann mußt du DARÜBER HINAUS noch einiges mehr tun, denn in dem Fall hast du keine Zeit zu verlieren und mußt auch mit härteren Blockaden aus deinem Unterbewußtsein rechnen.

Dann tu bitte zweierlei: Bau dein Gottvertrauen wieder auf (eine geeignete Übung findest du in diesem Buch) und geh deine Krankheit GEZIELT an.

Suche darüber hinaus Hilfe in einer Gruppe von ähnlich Betroffenen. Dort wirst du Verständnis und Hilfe erfahren und geben können.

Für alle ernsteren Krankheiten, ob lebensbedrohlich oder „nur" einschränkend und unangenehm, gilt: Nimm medizinische Hilfe in Anspruch. Damit UND mit deinen mentalen Übungen gehst du das Krankheitsproblem von zwei Seiten an, und das solltest du. EINSEITIG werden und dich NUR auf deine Gedankenkraft oder NUR auf die

körperliche Umstellung durch Medikamente beschränken
solltest du dagegen in ernsteren Fällen NICHT!

MEDITATION

*Ich stelle mir vor, daß ich an einem schönen, warmen
Sommertag einen Spaziergang am Meer mache. Ich stelle
mir vor, wie ich an einem feinen, sauberen Sandstrand
entlangschlendere, die Meereswellen beobachte, die sanft
auf den Strand hinauflaufen, und wenn ich mich konzentriere, kann ich sogar die Meeresgeräusche in mir hören
und die weiche, salzige Meeresbrise auf meinem Gesicht
spüren.*
*Vielleicht entschließe ich mich, mit den Füßen im flachen
Wasser zu gehen, spüre den Sand, der sich meinen Füßen
anpaßt, und fühle die Berührung der kleinen Wellen wie
ein zärtliches Streicheln auf meiner Haut.*
*Ich werde ruhig und friedlich. Der Frieden und die gelöste
Stimmung des Tages teilen sich mir mit, und ich nehme sie
in mich auf, bis ich ganz von innerem Frieden erfüllt bin.*
*Ich gehe nun ein wenig den Strand hinauf, bis ich einzelne
Grashalme im Sand entdecke. Es werden immer mehr und
mehr, bis ich mich auf einer Wiese aus Strandhafer befinde,
trocken und warm und so angenehm, daß ich mich hinlege
und meinen Körper ganz entspannt ausstrecke. Ich fühle,
wie sich meine Entspannung noch verstärkt, und spüre die
Wärme der Sonne auf meiner Haut und die Nähe des
Meeres.*
*Ich fühle meinen Körper jetzt sehr intensiv. Ich fühle die
Entspannung und Schwere in allen meinen Muskeln und*

fühle auch die Stellen, die sich nicht einpassen wollen in die friedliche, gesunde, sanft durchpulste Ruhe meines Körpers.

Ich bin jetzt ganz in meinem Körper und kann ein Zwiegespräch mit ihm führen. Ich konzentriere mich auf eine Stelle, die sich krank anfühlt und uneins ist mit meinem restlichen Körper, und in Gedanken frage ich diese Stelle, welche Information sie für mich hat, was sie mir sagen will. Vielleicht empfange ich ihre Botschaft als ein intensives Gefühl, vielleicht als einen Gedanken, den ich mit meinem inneren Ohr hören und verstehen kann, vielleicht auch auf ganz andere Weise.

Ich warte und nehme die Botschaft in mich auf.

Dann bedanke ich mich bei meinem Körper für seine hilfreiche Mitarbeit. Ich danke meinem Körper auch dafür, daß er bisher für mich so zuverlässig und gut gearbeitet hat, und ich bitte ihn, das auch weiterhin zu tun.

Um die Störung, auf die mein Körper mich aufmerksam gemacht hat, zu beheben, verspreche ich ihm, seinen Rat zu überdenken und in der Weise zu befolgen, die ich für richtig halte. Dann stelle ich mir ganz intensiv vor, daß ich vollkommen gesund bin. Ich kann mich vor meinem geistigen Auge sehen, wie ich vollkommen gesund und munter umhergehe und froh und glücklich bin. Ich kann die vollständige Gesundheit FÜHLEN: mein ganzer Körper fühlt sich harmonisch, gut versorgt, warm und lebendig an. Ich bleibe eine Weile so und lerne dieses Gefühl völliger Gesundheit und friedlicher innerer Ruhe kennen und genieße es.

Dann ziehe ich mich langsam wieder aus meinen gedank-
lichen Bildern zurück und bewahre mir das Gefühl von
Gesundheit und Harmonie für unbegrenzte Zeit.

DER REGENBOGEN

Genauso, wie es „normal" ist, gesund zu sein, ist es „normal", schön zu sein. Nicht gesund oder nicht schön zu sein, ist ein Anzeichen für eine Störung, die du ergründen und beheben solltest. Aber laß mich einigen Gedanken zu der Frage nachgehen, was „schön" überhaupt ist.

Zunächst einmal, Schönheit ist etwas absolut Persönliches, und etwas absolut Einzigartiges. Mit irgendeinem modischen „Schönheitsideal" (das sich sowieso alle paar Jahre ändert) hat Schönheit nicht das Geringste zu tun.

Deine Schönheit ist der Ausdruck deiner Wertschätzung für dich und der Ausdruck deiner Liebe zu dir. Ich kenne Menschen, die überschreiten ihr Idealgewicht um das Doppelte, und sie sind strahlend schön. Ich kenne Menschen, die haben eine körperliche Behinderung, die sich nicht verstecken läßt, und sie sind schön, nicht TROTZ, sondern MIT ihrer Behinderung.

Wenn du also glaubst, du seiest nicht schön, dann liebst du dich einfach nicht genug. Und wenn du dich nicht genug liebst, dann kannst du auch die Menschen und die ganze Welt nicht genug lieben. Sich nicht schön zu finden, ist also eine sehr ernste Störung, und wenn du diese Störung bei dir entdeckst, dann ist es höchste Zeit, daß du sie behebst.

Tu also etwas für dich!

Nun, das ist leicht gesagt, aber nicht so leicht getan. Du wirst es üben müssen. Fang damit an, daß du mehr auf deinen Körper achtest. Dein Körper ist kein abgelegtes Kleidungsstück, und eine Last ist er schon gar nicht. DU

BIST DEIN KÖRPER, und du solltest es dir wert sein, bestmöglich gepflegt und geliebt zu werden – von dir.

Kleide dich sorgfältig. Das muß nicht teuer sein. Das, was du trägst, muß dir hunderprozentig gefallen, es muß DEINS sein. Wie gesagt: Das alles MUSS nicht viel Geld kosten: es muß nur bewußt und mit Sorgfalt getan werden. Es DARF aber Geld kosten, wenn du Geld hast. Das Beste, das du dir leisten willst, ist gerade gut genug für dich.

Als nächstes lerne, deinen Körper anzunehmen (sprich: dich zu lieben), und zwar Schritt für Schritt. Irgendetwas gibt es an jedem Menschen, auch wenn er sich eigentlich nicht im Spiegel sehen mag, das er an sich selber schön findet. Vielleicht sind es deine Hände, vielleicht dein Haar, vielleicht deine Augen. Nehmen wir als Beispiel die Augen.

Stell dich jeden Morgen, nachdem du den neuen Tag begrüßt und dich mit Sorgfalt gepflegt hast, vor den Spiegel und schau dir in die Augen. Mach dir bewußt, wie schön sie sind und wie einzigartig: Es sind DEINE Augen. Freue dich darüber, und bedanke dich bei Gott, daß er dir so schöne Augen geschenkt hat.

Wenn du diese kleine Übung wirklich jeden Tag machst, wirst du es mit der Zeit ganz selbstverständlich finden, daß du schöne Augen hast. Du wirst davon überzeugt sein. Und je überzeugter du davon bist, desto mehr Komplimente wirst du hören. Nimm sie an, sie sind keine Lobhudelei, sondern eine Sympathieäußerung anderer Menschen für dich.

Mit der Zeit wirst du dann entdecken, daß du auch einen schönen Mund hast, einen eleganten Gang, schönes Haar, usw.

Mehrere Dinge werden geschehen: du wirst allmählich davon überzeugt sein, daß du schön bist. In der Folge wirst du auf deine ganz persönliche Art schön SEIN.

Und du wirst dich allmählich immer mehr lieben. Du wirst nur nicht deinen Körper lieben, sondern auch deine Intelligenz, deine Lebensenergie, deine Intuition, deine Fröhlichkeit, deine Durchhaltekraft und vieles mehr.

Du wirst DICH lieben. Und in der Folge davon wirst du auch andere lieben und geliebt werden.

Du brauchst übrigens nicht zu befürchten, daß du von diesen Übungen eitel wirst. Du wirst selbstbewußt, und das ist etwas ganz anderes. Eitelkeit ist nur der überanstrengte Versuch, von mangelndem Selbstbewußtsein abzulenken, indem man Äußerlichkeiten betont, und zwar meist in Übereinstimmung mit einem unpersönlichen, aufgesetzten Schönheitsideal.

Die Meditationsübung, die ich im folgenden beschreibe, wird dir dabei helfen, dich anzunehmen und zu lieben. Der Regenbogen ist ein sehr starkes Symbol für Liebe, Schönheit und Vollkommenheit. Also, laß dich nicht aufhalten und lauf dem Regenbogen hinterher. In dieser Übung erreichst du ihn!

MEDITATION

Ich stelle mir vor, daß ich auf einer weiten, sanften und hügeligen Wiese bin. Es ist Frühling, und um mich her leuchtet das Gras in saftigem Grün, und wenn ich genau hinschaue, kann ich viele bunte Blumen und Knospen und vielleicht auch Schmetterlinge und glänzende kleine Käfer erkennen.

Die Luft ist so mild und angenehm, daß ich mir ohne Schwierigkeiten vorstellen kann, daß ich barfuß und ohne Kleider über diese bunte blühende Wiese schreite.

Die Luft ist voller winziger glitzernder Wassertropfen, wie nach einem erfrischenden Regen. Ich spüre, wie die kleinen Wassertropfen sich auf meine Haut setzen und mein Gesicht, meine Arme, meine Hände und meinen ganzen Körper erfrischen und beleben. Sie sind kühl und angenehm wie Balsam, und ich genieße dieses Gefühl auf meiner Haut wie eine sanfte Liebkosung.

Die Luft glitzert und flimmert und ist voll von goldenem Sonnenlicht. Vor mir sehe ich jetzt, wie ein Regenbogen entsteht:

Ich sehe, wie sich im Sonnenlicht aus den flimmernden Wassertropfen ein Regenbogen bildet, ganz blaß zunächst, und dann immer leuchtender und kräftiger. Der Regenbogen wird breiter und länger, er wächst in den Himmel, und es spannt sich nun ein vollkommener, großer und in allen Farben strahlender Bogen über die Wiese.

Ich bleibe stehen und nehme staunend und voll innerer Freude dieses schöne Bild in mich auf.

Die Enden des Regenbogens reichen bis auf die Wiese hinunter, und der leuchtende Bogen beginnt nur wenige Schritte vor meinen Füßen.

Langsam schreite ich darauf zu, und wenn ich direkt vor dem Regenbogen stehe, strecke ich meine Hände aus und berühre das Licht. Das bunte Leuchten bleibt, und es hüllt meine Hände ganz ein.

Ich gehe ganz in den Regenbogen hinein und bin jetzt mitten in diesem vollkommenen Farbspiel. Ich sehe all die Farben des Regenbogens, die meine Haut streicheln wie unendlich zarte Fingerspitzen, das Licht hüllt mich ein, und ich kann es durch jede Pore meiner Haut, durch jeden Atemzug in mich aufnehmen, bis ich ganz erfüllt bin von innerem Leuchten und vom Glanz und der vollkommenen Schönheit des Regenbogens.

Eine Weile bleibe ich so.

Die Vollkommenheit des Regenbogesn ist in mir, und wenn ich nun vorsichtig aus dem bunten Licht wieder hinaustrete auf meine Wiese, dann spüre ich, daß ich mich viel leichter fühle, ganz heiter und beschwingt. Ich fühle mich wohl in meinem Körper nach diesem Bad im Regenbogen, ich bin leichten und heiteren Sinnes und beschwingten Fußes, und dieses Gefühl, leicht und heiter und im Einklang mit mir und meinem Körper zu sein, nehme ich mit mir und bewahre es in mir, wenn ich nun beginne, mich aus diesen gedanklichen Bildern wieder zurückzuziehen.

DER LEBENSQUELL

Es gibt Zeiten, in denen fühlt man sich ständig müde und erschöpft, ohne daß dies etwas mit Überarbeitung oder Ferienbedürftigkeit zu tun hätte. Du wirst solche Zeiten sicherlich kennen.

Es gibt auch Menschen, die fühlen sich grundsätzlich müde und erschöpft.

In solchen Fällen – egal, ob dies nun eine durchgehende Lebensstimmung ist oder ein vorübergehendes Gefühl der Erschöpfung – stimmt etwas mit dem Fluß deiner Lebensenergie nicht.

Du muß wissen, daß diese Energie DA ist. Niemand wird ins Leben geschickt, ohne ausreichend mit Energie versorgt zu sein. Leider sind ziemlich viele Menschen davon überzeugt, sie hätten diese Energie nicht zur Verfügung, sei es, daß sie glauben, sie seien energielos geboren, oder sei es, daß sie sich die Energie, die für sie da ist, nicht verfügbar machen können.

In beiden Fällen ist es notwendig (das kannst du wörtlich nehmen, es WENDET die NOT), daß du dich mit deiner Energiequelle in Verbindung setzt und ordentlich auftankst.

Du wirst das wiederholt machen müssen, bis sich der Glaube in deinem Unterbewußtsein verfestigt hat, daß ausreichend Energie für dich da ist, und daß du sie dir nutzbar machen kannst.

Du wirst aber bereits nach dem ersten Mal spüren, daß du dich besser fühlst und mehr Kraft zur Verfügung hast.

Darüber hinaus solltest du aber noch etwas anderes tun: Wenn der Zustand der Kraftlosigkeit bei dir chronisch ist, dann solltest du wissen, daß dem ein Irrtum zugrunde liegt. Gib dir also Mühe, zu ergründen, was dahintersteckt und warum du nicht glaubst, für das Leben gut ausgerüstet zu sein. Wahrscheinlich wird das harte Arbeit für dich bedeuten, und du solltest wirklich ehrlich mit dir sein und auch Hilfe in Anpruch nehmen, sei es in einer Gruppe, sei es in Einzelberatungen.

Die Übung, die damit Hand in Hand gehen sollte, wird den Erkenntnisprozeß auf jeden Fall beschleunigen und dein Vertrauen ins Leben und in dich selbst stärken.

MEDITATION

Ich sehe mich in Gedanken auf einer grünen, fruchtbaren Wiese in einer friedlichen Hügellandschaft.

Ich schaue mich genau um, ich kann das saftige, feuchte Gras erkennen, auf dem noch hier und da vereinzelte Tautropfen blinken, und ich sehe Blumen in aller Fülle und in jeder Form und Farbe. Ich bleibe einen Moment stehen und nehme dieses Bild des frischen Lebens und der gesunden Natur tief in mich auf.

Dann bemerke ich, daß sich die Wiese vor mir ein wenig senkt, ich schreite nun langsam auf diese Senke zu. Der Boden geht ganz sanft und allmählich in die Tiefe, und während ich so gehe und schaue, bemerke ich, daß das Gras immer dichter, saftiger und grüner wird, die Blumen an Fülle und Pracht zunehmen und der Boden ein wenig feuchter wird.

Nun kann ich die Mitte dieser sanften Bodensenke erkennen, einen runden, spiegelnden Teich, aus dem ein munterer Wiesenbach herausfließt.

Ich schreite bis an das Ufer des Teiches und blicke in das klare, reine Wasser. Ich kann bis auf den Grund schauen und entdecke runde Kieselsteine in hellen Farben, und vielleicht, wenn ich einen Augenblick verweile und genau hinschaue, kann ich Wasserpflanzen erkennen, die sich langsam und fast schwebend mit den kleinen Wellen des Teiches bewegen. Vielleicht sehe ich sogar einige Fische, die gemächlich umherschwimmen oder um die Steine herumflitzen.

In der Mitte des Teiches erblicke ich eine Quelle. Sie sprudelt kräftig und gleichmäßig, und ihr klares Wasser füllt den Teich und versorgt in ihrem Überfluß auch den Bach, der dem Teich entspringt.

Das Wasser sieht ganz klar, beinahe silbern aus, und ich erinnere mich daran, daß viele solcher reinen, klaren Quellen Heilkräfte besitzen.

Ich knie am Rande des Quellteiches nieder und tauche meine Hände in das Wasser. Es ist kühl und mild. Ich bleibe einen Moment so und nehme die belebende Kühle und Reinheit des Wassers ganz in mich auf.

Dann forme ich aus meinen beiden Händen eine Mulde und schöpfe ein wenig Wasser, das ich zum Mund führe und langsam in einigen Schlucken trinke. Es schmeckt rein, kühl und klar, und ich spüre, wie das Quellwasser meine Kehle hinunterrinnt und mich belebt. Ich fühle, wie diese Belebung sich in meinem Körper ausbreitet und mich ganz und gar erfüllt.

*Ich trinke noch einmal und noch einmal, und jedesmal
stelle ich mir die reinigende und belebende Wirkung des
Quellwassers ganz deutlich vor.*

*Dann stehe ich wieder auf, erfrischt und belebt, und gehe
langsam den Weg zurück, in einer sanften Steigung auf-
wärts bis zu der Wiese, fühle mich kraftvoll und beschwingt und bin leichten Fußes und leichten Sinnes.*

*Wann immer ich möchte, kann ich zu dem reinen Lebens-
quell zurückkehren und mich stärken und erfrischen, und
diese Gewißheit nehme ich mit in den Tag, wenn ich jetzt
allmählich beginne, mich aus meinen Gedankenbildern
wieder zurückzuziehen.*

SICH MIT LICHT AUFLADEN

Diese Übung kannst du jeden Morgen machen. Sie dauert nur ein paar Minuten.

Auch die Entspannungsphase, die für die anderen Meditationsübungen so wichtig ist, kannst du hier stark abkürzen oder weglassen, wenn diese Übung erst einmal zu deinem persönlichen Ritual geworden ist.

Diese kleine Übung macht dich frisch und fit für den Tag und gibt dir die Gewißheit, geschützt und gut eingebunden zu sein in die Ordnung eines sinnvollen Kosmos.

MEDITATION

Ich atme einige Male tief ein, und bei jedem Einatmen stelle ich mir bildlich vor, daß ich goldenes und silberweißes Licht einatme. Ich kann mir das Licht vorstellen als viele kleine flimmernde Punkte wie Sternschnuppen und kann richtig fühlen, wie sie mit jedem Atemzug in meinen Körper hineintanzen und meine Nase, meine Kehle und meine Lungen ausfüllen.

Mit jedem Ausatmen leere ich meine Lungen vollständig und atme schimmernden Sternenstaub aus. Ich atme auf diese Weise einige Male tief ein und aus und stelle mir vor, wie ich mich ganz mit Licht auffülle und anschließend Licht ausatme, bis ich von einer Wolke aus Licht umgeben bin. Ich stelle mir nun vor, wie mein Körper zu leuchten beginnt: Der Kopf, der Hals, meine Brust und mein Herz, die Magengegend und die Mitte des Körpers, dann mein Unterleib und schließlich auch meine Arme bis in die

*Hände und Fingerspitzen und meine Beine bis hinunter in
die Füße und Zehen.*
*Ich spüre, wie ich frisch und kraftvoll werde und voller
Energie und liebenden Verständnisses bin.*
*Ich nehme diese aufladende Wirkung des Lichtes ganz in
mich hinein.*

MEDITATIONEN ZUR SEELISCHEN ENTWICKLUNG

Mit diesen Übungen sprichst du tiefere Bereiche deiner Psyche an als mit denen im vorigen Kapitel.

Mache die Übungen, die du dir aussuchst, auf jeden Fall länger als eine Woche, und das täglich. Dann wirst du merken, daß sie dir helfen, mehr über dich selbst zu erfahren und Dinge in dir zu verändern, die einer Veränderung bedürfen.

DER BAUM DES SELBSTVERTRAUENS

Diese Meditationsübung kannst du immer anwenden, wenn du der Ansicht bist, dein Selbstvertrauen könnte eine Stärkung gebrauchen.

Diese Übung läßt dich wachsen, stärker werden und Vertrauen in deine Fähigkeiten entwickeln.

Du mußt sie nur regelmäßig über einen längeren Zeitraum hinweg anwenden.

Du wirst dann sehen, wie dein „Baum" wächst, falls er zunächst klein und unscheinbar gewesen sein sollte, und wie er von Mal zu Mal größer und stärker wird, wenn er in deinen inneren Bildern auftaucht.

MEDITATION

*Ich stelle mir vor, daß ich an einem warmen Frühsommer-
abend einen Spaziergang mache. Die Luft ist angenehm
weich und ganz mild, und auch das Licht ist ganz weich.
Es ist früher Abend, und die lange sanfte Dämmerung des
Sommerabends hat gerade begonnen.
Im weichen Licht schreite ich einen Weg entlang, der durch
blühende Wiesen führt. Ich kann den Duft des frischen
Grases spüren, und ich kann vor meinem inneren Auge
ganz deutlich die vielen verschiedenen Blumen und Grashalme sehen.
Der Weg führt über sanfte Hügel, und allmählich komme
ich in eine neue, unbekannte und sehr angenehme Gegend.
Während ich den Weg entlangschlendere, entdecke ich auf
einmal in der Ferne etwas, das wie ein Tor mitten auf dem
Weg aussieht.
Ich komme näher, und es ist tatsächlich ein Tor. Ein Tor
zu einem Garten. Vielleicht sieht es aus wie ein Holztor zu
einem alten Bauerngarten. Oder wie ein kunstvoll ge-
schmiedetes Tor, das in den Garten eines vornehmen
Schlosses führt.
Vielleicht sieht dieses Gartentor in meiner Phantasie auch
ganz anders aus.
Aber es ist da, ich kann es vor meinem inneren Auge ganz
deutlich sehen.
Und ich weiß, daß der Garten dahinter mir gehört – es ist
der Garten meiner Phantasie, der Garten meines Inneren.
Ich berühre dieses Eingangstor, und es läßt sich ganz leicht
öffnen. Fast von allein schwingt es auf, und ich betrete
meinen Garten. Ich sehe Beete mit üppig wachsenden*

Pflanzen, und ich sehe Stauden, die mit Blüten bedeckt sind. Wenn ich mich umschaue, entdecke ich vielleicht auch einen Brunnen und Gartenzwerge und Bäume.

Auf einen dieser Bäume gehe ich jetzt zu. Es ist mein persönlicher Baum, der Baum meines Selbstvertrauens.

Vielleicht ist es ein großer, alter und starker Baum. Vielleicht ist er auch noch dünn und biegsam. Ich lasse meine Augen den Stamm hinaufwandern, und lasse ihn in meiner Phantasie immer kräftiger und dicker werden. Meiner Phantasie ist alles möglich.

Ich kann richtig sehen, wie der Stamm wächst, in die Breite und in die Höhe.

Und nun wandere ich mit den Augen den Stamm hinauf, bis ich die Äste des Baumes und seine Baumkrone sehe. Meine Phantasie kann die Äste wachsen lassen, und wo bisher vielleicht nur einige zarte Zweige waren, wächst jetzt mein Baum, er treibt neue und wieder neue Äste, erst ganz zart, und dann kräftiger werdend, bis der Baum so groß und so kräftig ist, wie er mir gefällt.

Ich freue mich über diesen starken und gesunden Baum, ich erfreue meine Augen am saftigen und gesunden Grün seiner Blätter, und wenn ich genau hinschaue, kann ich vielleicht sogar Blüten entdecken, in einer Form und einer Farbe, die meine unbegrenzte Phantasie erschaffen hat, und vielleicht sehe ich sogar Früchte.

Ich nehme mir Zeit, den Baum genau anzuschauen, und je länger ich ihn anschaue, desto mehr von seiner Stärke, seiner Kraft und seiner Gesundheit geht in mich über.

Ich nehme mir Zeit, und ich öffne mich der Schwingung dieses Baumes.

Nun beginne ich langsam, mich aus dieser Meditation zurückzuziehen. Das Gefühl der Stärke und des Selbstvertrauens bewahre ich mir für diesen Tag und für jede Gelegenheit, in der ich es brauchen werde.

EINEN KNOTEN LÖSEN

Es gibt oft Lebenslagen, da geht es nicht vorwärts und auch nicht zurück. Alles, was du in einer solchen Situation weißt, ist eines: DU BLICKST NICHT MEHR DURCH. Du findest die Lage völlig verworren, und alles, was du tust, um deine Situation zu verbessern, macht die Verwirrung nur noch größer.

Die Meditation mit dem Knoten hilft dir, verworrene Situationen zu entwirren, mehr Klarheit zu gewinnen und aus alten Verhaltens– und Denkmustern herauszukommen.

Es kann sein, daß du ziemlich viel Geduld brauchst, um deinen mentalen Knoten aufzulösen. Wenn es dir also nicht in EINER Meditation gelingt, die Fäden restlos zu entwirren, dann verschiebe es auf später. Bedank dich am Ende der Meditation bei deinem inneren Knoten dafür, daß er schon ein bißchen kleiner geworden ist (und das ist er auf jeden Fall). Wenn du dann am nächsten Tag wieder die Knotenmeditation machst, wirst du feststellen, daß dein innerer Knoten auch kleiner GEBLIEBEN ist, und so kannst du ihn nach und nach völlig entwirren.

Gleichzeitig wirst du merken, daß sich auch dein Problem entwirrt und du klarer siehst. Und noch eins: Es lohnt sich, nachdem du deinen Knoten entwirrst hast, auch die einzelnen Schnüre auf kleine Knoten zu überprüfen. Meistens sind welche drin, und da du dich sowieso zum Aufräumen entschlossen hast, kannst du diese Knoten mitlösen.

Es ist für diese Meditation übrigens ganz gleichgültig, WAS du gegenwärtig für ein Problem hast. Es geht darum, deine

Problemlösungsstrategien zu verbessern und deinen Durchblick zu fördern, und wenn du dich auf diese Art gut vorbereitest, kannst du JEDES Problem leichter angehen.

MEDITATION

Ich stelle mir jetzt zwei Schnüre vor, in zwei Farben, die mir gefallen. Ich lasse die Schnüre aus einem Material bestehen, das ich als schön und angenehm empfinde. Wenn ich diese beiden Schnüre jetzt vor meinem inneren Auge genau betrachte, sehe ich, daß sie miteinander verknotet sind.

Vielleicht ist es ein einfacher, lockerer Knoten. Vielleicht ist der Knoten auch kompliziert und fest angezogen. Wie auch immer, ich sehe den Knoten genau richtig, genau so, wie es meiner inneren Situation entspricht. Ich schaue jetzt den Knoten eine Weile an, dann suche ich mir von einer der Schnüre den Anfang.

Ich beginne, den Knoten aufzulösen. es ist ganz leicht, wenn ich den Anfang der Schnur durch die Schlingen des Knotens ziehe, eine Schlinge nach der anderen.

Ich nehme mir Zeit, den Knoten geduldig und vollständig aufzulösen, indem ich eine Schlinge nach der anderen löse. So wie ich eine Schlinge des Knotens nach der anderen auflöse, spüre ich, wie sich auch in meinem Inneren ein Knoten nach dem anderen löst, wie ich mich immer leichter und freier fühle.

Jetzt sehe ich, daß der Knoten vollständig gelöst ist. Nun schaue ich zuerst eine der beiden Schnüre an und sehe nach, ob sie in sich verknotet ist. Wenn ich irgendwelche Knoten in der Schnur sehe, beginne ich damit, ebenfalls einen nach dem anderen zu lösen.

Wenn alle Knoten aufgelöst sind, ziehe ich die Schnur in Gedanken straff.

Jetzt spüre ich wieder, wie sich auch in mir selbst Knoten und Verstrickungen lösen, einer nach dem anderen, und wie sich ein schönes Gefühl der Befreiung, des Erlöstseins in mir ausbreitet wie eine warme Welle.

Wenn meine erste Schnur vollständig glatt ist, führe ich dieselbe Übung mit der anderen Schnur durch: Ich löse einen Knoten nach dem anderen. und ziehe die Schnur in Gedanken straff.

Ich habe den Knoten jetzt vollständig aufgelöst. Beide Schnüre sehe ich jetzt glatt und gerade vor mir, vollständig getrennt voneinander. Auch in mir haben sich Knoten gelöst. Ich habe alte Verstrickungen losgelassen, und das Gefühl des Freiseins füllt mich ganz und gar aus.

Ich bewahre mir dieses Gefühl des Freiseins und des Erlöstseins für diesen Tag und für jede Situation, in der ich es brauchen werde, auch wenn ich jetzt allmählich beginne, mich aus diesen Gedankenbildern wieder zurückzuziehen.

EINEN FILM LÖSCHEN

Es wird dir bekannt sein, daß es „Programme" gibt, die den Lebensplan eines Menschen steuern. Diese Programme hat sich der Mensch selbst geschrieben, und es gibt sie für alle Bereiche des Lebens: für Erfolg, Beruf, Geld, Partnerschaft, Gesundheit, Freundschaft, Aussehen usw. Diese „Programme" kann man sich selbst deutlich machen, indem man sie sich sozusagen als „inneren Film" vorstellt.

Mit diesen Programmen hat es eine besondere Bewandtnis: Es gibt für jeden Lebensbereich ZWEI davon. Eines zeigt die Hoffnungen und Wünsche, die man für den betreffenden Lebensbereich hegt. Dieses Programm pflegt man im allgemeinen zu kennen, es ist also bewußt. Man kann sich ziemlich genau und bildlich vorstellen, was man sich beruflich, partnerschaftlich und in anderen Bereichen wünscht.

Das andere Programm ist zunächst unbewußt. Stimmt es mit dem bewußten Programm überein, entstehen in diesem Lebensbereich keine Probleme. Ein bekanntes Beispiel für die Übereinstimmung von bewußtem und unbewußtem Programm ist der Mensch, dem der Erfolg in den Schoß fällt.

Sein Bewußtsein und sein Unterbewußsein arbeiten reibungslos zusammen, sie haben dasselbe Programm.

Nur leider ist eine solche Übereinstimmung eine große Ausnahme. In den allermeisten Fällen ist das unbewußte Programm ein GEGENPROGRAMM. Es enthält Befürchtungen, Ängste und die Erwartung von Scheitern und Einsamkeit.

Wenn ein solches Gegenprogramm in einem Menschen existiert, dann wird er unweigerlich Schwierigkeiten haben. Solange es nicht erkannt und bearbeitet worden ist, steuert es den Lebensablauf. Ein Mensch, dessen Gegenprogramm für den Bereich „Liebe" beispielsweise die Befürchtung enthält, er werde immer allein bleiben und keinen Liebespartner finden, der bei ihm bleibt und mit dem er glücklich sein kann, WIRD einsam sein.

Jeder Mensch hat Gegenprogramme in dem einen oder anderen Lebensbereich. Das Klügste, was du tun kannst, ist, zunächst zu akzeptieren, daß es ein solches Gegenprogramm in dir gibt. Du spürst das Vorhandensein eines solchen Programms sehr deutlich: immer dann, wenn Dinge anders verlaufen, als du sie dir wünscht, immer dann, wenn deine Befürchtungen sich realisieren.

Es hat überhaupt keinen Sinn, ein solches Programm zu leugnen oder dagegen anzukämpfen. In beiden Fällen wird deine Situation schwieriger und verfahrener, denn das Gegenprogramm wird seine Herrschaft unter diesen Bedingungen nicht aufgeben. Wenn du kämpfst, kann es sein, daß du scheinbare Siege erringst, aber sie werden Illusionen sein. Du wirst FÜHLEN, daß das Gegenprogramm in dir aktiv geblieben ist.

Was kannst du also tun?

DU KANNST DAS GEGENPROGRAMM LÖSCHEN.

Genau darum bemühen sich Menschen, die eine Psychoanalyse machen: sie versuchen, ihre Gegenprogramme zu erkennen und durch Aufdecken der Gründe und vernünftige Betrachtung ihrer Chancen, Möglichkeiten und

Schwierigkeiten ein positiveres Programm in sich zu verankern.

Diese Methode hat oft Erfolg, aber sie ist mühsam. Und nicht jeder braucht sie.

Einfacher ist es, wenn du dir dein Gegenprogramm als FILM vorstellst, den du in der bildlichen Vorstellung der Meditation löschst.

Das hat den Vorteil, daß du dir den Umweg einer monate- oder jahrelangen Gesprächstherapie in den meisten Fällen ersparen kannst, denn in der Meditation programmierst du dein Unterbewußtsein DIREKT um.

Das hat den weiteren Vorteil, daß du die Gründe für deinen unbewußten Gegenfilm nicht unbedingt kennenlernen mußt. Es schadet nicht, wenn du sie aufzudecken versuchst, aber du MUSST das nicht tun. Es genügt, wenn du löschst.

Die Übung, die ich hier im Folgenden beschreibe, ist für ALLE GEGENFILME geeignet. Sie besteht im wesentlichen darin, daß du eine Filmspule in Gedanken abspulst und in einer weißen Flüssigkeit auflöst. Restlos.

Du wirst vielleicht einer verbreiteten Schwierigkeit begegnen: Deine Filmspule wird Widerstand bieten. Das ist normal und umso deutlicher, je fester das Gegenprogramm in dir verankert war. Wenn dir diese Schwierigkeit begegnet, mußt du ein wenig Geduld und Durchhaltevermögen an den Tag legen. Du wirst vielleicht – in Gedanken – kräftig an der Filmspule ziehen müssen, damit sie sich abrollt, oder du mußt in der Flüssigkeit rühren, damit sich der Film auflöst. Tu das unbedingt. Ich habe diese möglichen Widerstände in der Meditationsbeschreibung berücksichtigt, aber deiner Phantasie sind darüber hinaus keinerlei Grenzen gesetzt, falls dir meine Vorschläge nicht ausreichen.

Auch wird es dir wohl kaum gelingen, den ganzen Gegenfilm in einer einzigen Meditationsübung zu löschen. Auch das ist normal. Was du in dieser Übung tust, das ist wirklich harte Arbeit: du programmierst deine Persönlichkeit neu.

Wiederhole also diese Übung täglich, und du wirst sehen, daß deine Filmspule von Mal zu Mal kleiner wird und sich leichter abrollen und löschen läßt.

Du wirst die neue Kraft spüren, die in dir erwacht, wenn du dein inneres Hindernis nach und nach aus dem Weg räumst. Du wirst mehr und mehr Lebenskraft spüren.

Außerhalb der Meditationen konzentriere dich bitte so sehr du kannst auf dein BEWUSSTES Programm, also das, was du dir wünschst und was du erhoffst. Je mehr du dieses Programm in dir verfestigst, desto mehr ersetzt du das unbewußte Gegenprogramm, das du gerade abarbeitest.

Diese Ersetzung des negativen Programms durch ein positives muß sein, sonst entsteht in deinem Unterbewußtsein ein Vakuum, in dem sich ein anderes Gegenprogramm festsetzen kann, das dir dann genau so im Wege steht wie das, was du gerade gelöscht hast.

Aber es wird dir immer leichter fallen, dich auf dein positives Programm zu konzentrieren und es zu fördern. Wann immer du kannst, stelle dir deine Wünsche und Hoffnungen bildlich vor. Du wirst sehen, daß das Löschen des alten und das Verfestigen des neuen Programms Hand in Hand gehen.

Wenn deine alte Filmspule WIRKLICH gelöscht ist (wenn du an mehreren Tagen hintereinander gesehen hast, daß kein Film mehr darauf ist, und du dich wesentlich besser, kraftvoller und lebenstüchtiger fühlst), dann hast du es geschafft. Mache dieselbe Übung für ein anderes Programm oder konzentriere dich auf etwas Wichtiges, das du nun verwirklichen willst. Und klopfe dir gedanklich selber auf die Schulter für deinen Mut und deine Durchhaltekraft.

MEDITATION

In meinen Gedanken gehe ich an einem warmen, hellen Sommertag durch eine freundliche Landschaft mit sanften Hügeln und grünen Wiesen.

Ich sehe rechts und links von meinem Weg das Gras und die Blumen darin, ich kann jede einzelne Blume in ihrer vollkommenen Gestalt und in ihrer schönen Farbe vor meinem inneren Auge erkennen.

Langsam schreite ich weiter. Der Weg, auf dem ich gehe, senkt sich ein wenig, und ich gelange an einen hellen, rasch fließenden Fluß. Ich komme langsam näher und gehe ganz nahe an das Flußufer heran. Nun entdecke ich auch einen kleinen hölzernen Steg, auf dem ich sicher und bequem ein Stück voranschreiten kann, bis ich mich direkt über dem Wasser des Flusses befinde.

Ich lehne mich über das Geländer des Steges und betrachte das Wasser, das munter über kleine Steine und Wirbel dahinfließt. Das Wasser ist ganz klar, es leuchtet in einer silberweißen Helligkeit, als wäre es reinstes Licht. Eine Weile bleibe ich jetzt so stehen und nehme dieses Bild des lichten Wassers in mich auf.

Dann wende ich mich um, gehe auf dem Steg bis zum Flußufer zurück und eine kleine Uferböschung hinauf. Dort oben an der Uferböschung sehe ich ein Haus, dessen Eingangstür einladend offensteht. Ich gehe bis zur Tür und bleibe einen Moment davor stehen. Über der Tür sehe ich ein Schild mit einer Aufschrift in schön geschwungenen Buchstaben. Die Aufschrift lautet: Persönliches Filmarchiv.

Dann trete ich ein. Ich durchquere einen kleinen Flur, eine kleine Tür öffnet sich, und ich stehe in einem großen, hellerleuchteten Raum, in dem ich an den Wänden viele Regale sehe, auf denen in ordentlichen Stapeln Filmspulen gelagert sind.

Ich schreite zwischen diesen Regalen auf die Rückwand des Raumes zu. Dort ist an der linken Seite wieder eine Tür, eine etwas kleinere diesmal. Ich drücke die Türklinke hinunter, bücke mich ein wenig und trete ein.

Wieder befinde ich mich in einem Raum mit Regalen und Filmspulen, aber dieser Raum ist nur von einer kleinen, nackten Glühbirne beleuchtet, die in der Mitte über einem Tisch hängt und gerade genug Licht gibt, damit ich mich umsehen kann.

Auf einigen der Regale lagert Staub, als sei dieser Raum schon lange nicht mehr betreten worden, und auch die Filmspulen, die ich mir jetzt genauer ansehen will, wirken ein wenig verstaubt.

Ich schaue mir den Stapel Spulen an der linken Seite des Raumes genau an. Ich sehe, daß die Filmspulen beschriftet sind. Bei einigen kann ich die Aufschrift nicht genau entziffern, aber die Beschriftung der Spulen, die oben auf dem Stapel liegen, kann ich lesen.

Ich suche mir eine Spule heraus. Sie trägt den Namen des Programms, das ich löschen will.

Ich nehme die Filmspule aus dem Regal und bringe sie zum Tisch in der Mitte des Raumes. Ich lege sie auf den Tisch. Auf dem Tisch entdecke ich ein großes Gefäß – einen Eimer oder eine große Schüssel –, das mit dem hellen, lichten, sprudelnden Wasser angefüllt ist, das ich draußen in dem Fluß betrachtet habe.

Ich beginne jetzt, die Filmspule langsam abzuwickeln. Dazu nehme ich den Beginn des Filmstreifens in die Hand und rolle ihn ab. Vielleicht muß ich ein wenig ziehen, wenn der Film alt ist und die einzelnen Schichten zusammenkleben. Aber ich stelle fest, daß sich der Film auf jeden Fall abrollen läßt. Den abgerollten Teil des Films lasse ich jetzt in das Gefäß mit dem leuchtenden Wasser fallen, und ich sehe, wie sich der Filmstreifen darin restlos auflöst. Das Wasser schäumt hell auf und leuchtet, und der Filmstreifen ist verschwunden. Möglicherweise muß ich ein wenig rühren, damit sich der Film vollständig löst, und dazu finde ich einen kleinen Holzstab neben dem Gefäß.

Ganz leicht und immer leichter läßt sich der Film jetzt abrollen und auflösen. Wenn ein Spritzer des Wassers meine Hand trifft, merke ich, daß es für mich ganz unschädlich ist: eine Mischung aus Licht und Wasser. Ich weiß, daß Licht Filme löscht, und das Licht in meinem Gefäß löscht

den Film vollständig, während das Wasser ihn restlos auflöst.

Ich fahre damit fort, bis mein Filmstreifen vollständig
abgerollt und aufgelöst ist. Dann nehme ich die leere Filmspule und lasse auch sie in das leuchtende Wasser gleiten,
bis sie sich ebenfalls aufgelöst hat.

Ich nehme jetzt das Gefäß mit dem leuchtenden Wasser
und trage es vorsichtig aus dem Raum hinaus.

Ich verlasse den kleinen Archivraum durch seine offene
Tür und überquere den großen, hellen Raum mit den
ordentlichen Regalen. Wenn ich vielleicht etwas von dem
Wasser verschütte, so macht das nichts aus. Ich sehe, wie
es sich in sprühendes weißes Licht verwandelt und einfach
verschwindet.

Ich verlasse das Persönliche Filmarchiv und bin jetzt wieder draußen vor der Tür an der Uferböschung. Ich sehe
den rasch fließenden hellen Fluß und schreite auf den
Holzsteg hinaus.

Dort leere ich mein Wassergefäß mit Schwung in den Fluß.
Ich sehe, wie sich das Wasser aus meinem Gefäß mit dem
schimmernden Wasser des Flusses vermischt, wie es auf-
leuchtet und rasch von der Strömung davongetragen wird
und vollkommen verschwindet.

Ich werfe das Gefäß ins Wasser und sehe, wie es aufleuch-
tet und sich ebenfalls mit dem strömenden Wasser des
Flusses vermischt und rasch davongetragen wird.

Ich fühle mich jetzt leicht und befreit. Leichten Schrittes
schreite ich über den Steg zurück zur Wiese.

*Ich werde mir der Sommersonne bewußt, die mich wärmt,
ich sehe die Blumen im Gras leuchten und spüre die Frische
und Heiterkeit des Tages.
Diese heitere Leichtigkeit und dieses Gefühl, ganz frei und
voller Lebenskraft und Lebensmut zu sein, nehme ich mit
in den Tag, wenn ich nun allmählich beginne, mich wieder
aus meinen inneren Bildern zurückzuziehen.*

DIE INNERE KATHEDRALE

Gelegentlich ist es nötig, mein Gottvertrauen wieder aufzubauen. Wahrscheinlich kennst du solche Situationen; ich jedenfalls denke, daß sie menschlich und ziemlich verbreitet sind.

Ich glaube, jeder Mensch verspürt von Zeit zu Zeit die Notwendigkeit, sein Gottvertrauen wieder aufzubauen.

Das läßt sich durch eine geeignete bildhafte Meditation sehr gut unterstürzen. Ich stelle mir zu diesem Zwecke eine Kirche vor und schaue mir zuerst einmal an, ob sie irgendwelche Schäden aufweist. Das Ausmaß der Schäden ist ein unmißverständlicher Gradmesser für die Störung meines Gottvertrauens.

Dann gehe ich daran, die Schäden gedanklich zu reparieren. Wenn zum Beispiel der Anstrich der Kirche abgeblättert oder alt ist, stelle mir vor, wie er sich strahlend und blitzsauber wieder erneuert. (Ich habe allerdings auch schon erlebt, daß das Dach eingestürzt war. Aber auch das ließ sich reparieren, es wuchs ganz einfach wieder nach und fügte sich zusammen. Jedoch dauerte das eine Woche, aber das macht nichts. Es lag ja auch eine ernsthafte Störung meines Gottvertrauens zugrunde.)

Am Anfang arbeitete ich mit einer Art von „gedanklichem Bautrupp". Ich stellte mir viele weißgekleidete Arbeiter vor, die die Kirche wieder instandsetzten. Aber mit der Zeit bin ich davon abgekommen und lasse die Schäden einfach „zuwachsen". Für meine Begriffe ist das besser, und es wirkt auch stärker. Das „Zuwachsen" ohne irgendwelche tatkräftige oder gar mechanische Hilfe grenzt an ein Wunder, und in Gedanken ist alles möglich. Und wenn du erst einmal den Gedanken an die Möglichkeit von Wundern richtig in dir verfestigt hast, wirst du tatsächlich wieder an Wunder glauben können.

Wenn in der folgenden Übung von einer Kirche die Rede ist, dann ist das nur ein Anhaltspunkt. Wenn du Christ bist, stellst du dir eine Kirche vor (meine „spezielle" Kirche ist eine kleine, weiße, spanische, in einer winzigen Stadt), oder du stellst dir einen Dom vor, ganz wie du es als richtig empfindest. Aber du wählst in jedem Fall ein Sinnbild für das Haus deines Gottes. Das heißt, du kannst auch eine Moschee nehmen oder eine Synagoge oder einen Tempel, das versteht sich von selbst.

MEDITATION

Ich stelle mir vor, daß ich langsam durch die Gassen einer Stadt schlendere. Es ist ganz früh am Morgen, und die Dämmerung beginnt gerade erst. Ich gehe langsam weiter und komme immer mehr in das alte Zentrum der Stadt, die Gassen werden immer verwinkelter und lauschiger. Schließlich gelange ich an einen offenen Platz in der Mitte der Stadt, und auf der anderen Seite des Platzes erblicke ich eine Kirche in ihrer ganzen Größe.

Ich bleibe einen Moment stehen und schaue voller Sammlung und Konzentration die Kirche an: Ich bemerke, ob ihre Eintrittspforte geöffnet oder geschlossen ist, ob die Fassade der Kirche neu und sauber oder abgeblättert und beschädigt ist.

Ich bleibe in Gedanken am Rande des offenen Platzes stehen und beobachte nun voller Staunen, wie sich mit der

Kirche eine wunderbare Veränderung vollzieht: Die abge-
blätterten Stellen ihrer Fassade erneuern sich wie von
selbst, die Schäden im Mauerwerk wachsen einfach zu,
und ich sehe auch, wie Schmuck und Verzierungen entste-
hen und sich zu voller Pracht entfalten, ohne daß irgendein
Mensch seine Hand im Spiel hätte.

Was sich dort vor meinen Augen vollzieht, ist ein wirkli-
ches Wunder, und ich nehme es voller Staunen und Dank-
barkeit wahr. Nun hat sich die Kirche in voller Pracht
geschmückt, ist strahlend und herrlich, und wenn die Ein-
gangspforte verschlossen gewesen ist, so öffnet sie sich jetzt
weit und einladend.

Ich schreite nun langsam über den freien Platz auf den
Eingang der Kirche zu. Ich trete ein und spüre den Frieden
im Inneren der Kirche, und ich sehe, wie das Licht, das
durch die bunten, kostbaren Glasfenster hereinströmt, im-
mer mehr und immer heller wird. Ich verweile und lasse
den Frieden dort drinnen einziehen in mein Herz und
meine Seele, bis ich ganz erfüllt davon bin, ganz ruhig und
voller Frieden und Vertrauen.

Wenn ich möchte, kann ich in Gedanken ein Gebet spre-
chen, ich kann um etwas bitten, und auf jeden Fall werde
ich meinem Gott danken für alle Wunder auf Erden und
auch für jenes, das ich gerade miterleben durfte.

Nach einer Weile, wenn ich die wunderbare Stimmung im
Innern der Kirche tief in mich aufgenommen habe und
mich sicher und geborgen fühle in Gottes Obhut, gehe ich
langsam wieder zurück zur Pforte und trete hinaus.

Ich sehe, daß es jetzt Tag geworden ist, daß die Sonne
scheint und der Platz und die Stadt voll heiterer, geschäf-

tiger Menschen ist, und ich schreite die Stufen vom Kirchenportal hinunter und fühle mich aktiv und voller Kraft und Vertrauen in den Tag und das Leben.

SICH VON ALTEN MUSTERN TRENNEN

Diese Übung eignet sich ebenso wie die Film–Lösch–Übung sehr gut dazu, dein Unterbewußtsein umzuprogrammieren. Nur ist diese Übung hier um einiges einfacher und deshalb auch für die kleineren Probleme in deinem Leben vorbehalten; wenn du dich etwa dabei ertappst, daß du in bestimmten Situationen immer wütend wirst, obwohl es keinen vernünftigen Grund dafür gibt; wenn du auf bestimmte Dinge, Menschen oder Aufgaben jedesmal mit Angst reagierst, oder wenn du ein ähnliches Problem hast, das dir das Leben nicht gerade erleichtert, dann überlege, ob es sich vielleicht um ein altes Verhaltens– oder Denkmuster handelt, das sicher irgendwann einmal sinnvoll war, jetzt aber eher hinderlich ist.

Solche alten Muster sind sehr verbreitet. Sie stehen deiner Entwicklung im Wege, und deshalb tust du gut daran, dich von ihnen zu trennen.

Du mußt dazu nicht unbedingt wissen, wie und warum ein solches Verhaltens–, Denk– oder Fühlmuster entstanden ist. Es genügt, daß du weißt, du brauchst es nicht mehr, es ist deinem jetzigen Leben nicht mehr angemessen und deiner Weiterentwicklung hinderlich.

Als ich mir Gedanken darüber machte, mit welchem Bild man diese Übung durchführen kann, war ich zuerst nicht so recht zufrieden. Ich dachte daran, so etwas wie Gummibänder mit einer scharfen Schere durchzuschneiden. Ich probierte es aus, und es fühlte sich nicht gut an. Ich hatte den Eindruck, ich hätte nicht die Gummibänder, sondern mich selbst mit der Schere traktiert.

Zum Teil ist das wohl auf den Widerstand zurückzuführen, den unser Unterbewußtsein jeder Veränderung – und sei sie noch so hoffnungsvoll – entgegensetzt. Nun – damit muß man rechnen, ist es eine normale und menschliche Verhaltensweise.

Diese dachte ich zu entschärfen, indem ich nach einem freundlicheren Bild Ausschau hielt (etwas mit einer Schere durchzuschneiden hat immer den Aspekt von Gewalttätigkeit und kann die Angst vor seelischen Verletzungen hervorrufen). Dann las ich irgendwo, daß es in Japan einen sehr hübschen Brauch gibt: Wenn jemand mit einem Schiff verreisen will, dann nimmt er eine lange, aufgerollte, bunte Papierschlange mit an Bord.

Diese Papiergirlande wirft er, sobald er auf dem Schiff an der Reling steht, dem Menschen zu, der ihm unten an Land nachwinken wird, so daß jeder ein Ende der Papierschlange in der Hand hält.

Wenn das Schiff ablegt, reckt sich die Schlange, sie spannt sich, wird straff und reißt schließlich. Dann ist der Abschied vollzogen.

Dieses Bild gefiel mir. Ich konnte mir richtig lebhaft vorstellen, wie hübsch und freundlich es aussieht, wenn Hunderte von bunten Papierschlange sich zwischen dem Schiff und den Zurückgebliebenen an Land ausspannen und schließlich reißen und ins Wasser fallen – wo sie wie bunte Papierblüten weitertreiben. Endlich hatte ich das freundliche Bild gefunden, nach dem ich gesucht hatte.

Man kann es ein bißchen abwandeln, indem man nicht einen Menschen, sondern sein altes Verhaltensmuster auf das Schiff bringt, und sich dann in dieser sanften Art und Weise von ihm verabschiedet.

Das Symbol ist bei aller heiteren Farbigkeit sehr stark, denn es leitet ein Durchreißen, eine vollständige Trennung ein.

Versuch es mal, du wirst sehen, wie erleichtert du das Schiff mit deinen alten Mustern davonfahren siehst.

MEDITATION

Ich entspanne und versenke mich, und nun stelle ich mir vor, daß ich an einem Strand entlangschreite. Ich gehe dicht am Rand des Meeres entlang, vielleicht gehe ich barfuß mit den Füßen im Wasser, und ich kann spüren, wie die kühlen Meereswellen meine Füße und Knöchel umspülen.

Während ich weitergehe, sehe ich vor mir einen Anlegesteg. Ich gehe langsam darauf zu, und jetzt sehe ich, daß dort ein Schiff liegt. Ich sehe das Schiff in allen Einzelheiten, vielleicht ist es nur ein kleines Küstenschiff, vielleicht ist es aber auch ein großes, stolzes Schiff mit vom Winde gebauschten Segeln.

Ich sehe nun auf dem Anlegesteg eine Holzkiste stehen. Ich gehe darauf zu und öffne die Kiste, und nun erkenne ich, daß darin viele kleinere und größere, ordentlich verschnürte Pakete liegen. Diese Pakete enthalten meine alten Verhaltensmuster, von denen ich mich trennen will. Ich sehe sie in ihrer symbolischen Gestalt: als Ballast, den ich loswerden möchte. Ich schaue sie mir eine kleine Weile an, dann schließe ich den Deckel der Kiste und verriegele das Schloß, das ich daran finde. Nun trete ich ein paar Schritte zurück und beobachte, wie zwei Menschen den Anlegesteg betreten: Gepäckträger, die die Holzkiste hochheben und ohne viel Mühe auf das Schiff tragen.

Da ich nun zu dem Schiff hochblicke, erkenne ich, wie die Kiste dicht an der Reling abgestellt wird. Jemand wirft mir eine bunte Papierschlange zu, die ich auffange oder aufhebe und nun in der Hand halte. Ich kann, wenn ich zu dem Schiff hochblicke, genau erkennen, daß das andere Ende der Schlange an der Holzkiste befestigt ist, die ich soeben auf das Schiff habe tragen lassen.

Nun kommt Bewegung in das Schiff. Es beginnt erst ganz leise, dann immer stärker zu vibrieren, und jetzt sehe ich, wie es mit dem Ablegemanöver beginnt. Das Schiff wendet, bekommt nun langsam Fahrt und nimmt Kurs auf das offene Meer. Ganz langsam entfernt es sich von dem Anlegesteg, und ich spüre eine Bewegung an meiner Hand: Die Papierschlange, die ich halte, beginnt sich allmählich zu entrollen.

Je weiter das sich Schiff entfernt, desto schneller und vollständiger entrollt sich die bunte Schlange in meiner Hand. Ich kann erkennen, wie sie ein buntes Band bildet, das von dem Schiff bis zu mir reicht. Während das Schiff mehr und mehr Fahrt bekommt, entrollt sich die Schlange in meiner Hand vollständig und strafft sich. Ich kann für einen Moment den Widerstand fühlen, wenn die Schlange vollständig straff gespannt ist, und dann spüre ich ganz deutlich, wie sie reißt. Der Widerstand ist verschwunden. Ich sehe, daß die Schlange durchgerissen ist, und ich schaue zu, wie das Schiff, jetzt vollständig losgelöst von mir, in Richtung auf das offene Meer hin immer kleiner wird und immer schneller gegen den Horizont verschwindet.

Ich fühle mich erleichtert und befreit: Ich habe mich von alten Mustern verabschiedet, die mich nun in keiner Weise mehr binden und belasten können.

Ich bleibe eine Weile stehen und sehe zu, wie das Schiff aus meinem Blickfeld verschwindet, wie es kleiner und immer kleiner wird, wie es schließlich nur noch ein winziger Punkt am Horizont ist, und endlich ganz verschwunden ist.

Eine Weile bleibe ich so und spüre das Gefühl großer Erleichterung und Befreiung in mir.

Dann lasse ich die zerrissene Papierschlange aus meiner Hand gleiten und sehe zu, wie sie ins Wasser fällt und von den Wellen des Meeres davongetragen wird, auf den Horizont zu.

Eine Weile sehe ich sie noch auf den Wellen tanzen und immer kleiner und kleiner werden, und dann ist auch sie verschwunden, genau wie das Schiff.

Das Gefühl der Leichtigkeit und Freiheit in mir wächst weiter und wird stärker und deutlicher, bis es mich ganz und gar erfüllt.

Ich schreite nun leichten Fußes am Strand entlang, lasse den Anlegesteg hinter mir zurück und spüre den frischen Seewind im Gesicht. Ich fühle mich frei und stark und in der Lage, jede Lebensaufgabe, die sich mir bietet, voller Tatkraft und Optimismus anzupacken.

*Dieses Gefühl der Befreiung und der inneren Stärke be-
wahre ich mir, wenn ich jetzt allmählich beginne, mich aus
meinen inneren Bildern zurückzuziehen und in das Tagesbewußtsein zurückkehre.*

ENERGETISCHE MEDITATIONS-ÜBUNGEN

Die folgenden Übungen dienen dazu, deine Energien und die deiner Umgebung zu harmonisieren.
Du kannst sie allein oder zusammen mit anderen machen.

EINE ÜBUNG ZUM ERDEN

Dein Bezug zu den vier Elementen Feuer, Wasser, Luft und Erde sollte gleichermaßen gut sein. Natürlich überwiegt mal das eine, mal das andere Element, und es gibt elementare Schwerpunkte für jeden, die sich aus der ganz persönlichen Seelenstruktur herleiten. So gibt es feurige Menschen, Luftikusse, solche, die von Ideen überfließen und erdverbundene Zeitgenossen.

Das ist in Ordnung, solange du nicht ein Element über Gebühr betonst oder ein anderes total vernachlässigst. Genau das ist aber häufig der Fall: die Bindung an das Element Erde wird von Menschen, die viel denken und konzentriert an ihrer seelischen Entwicklung arbeiten, nur allzuhäufig vernachlässigt.

Das birgt die Gefahr, daß man den Kontakt zur Realität verliert, Luftschlösser baut oder sogar seinen Körper schädigt. Deshalb ist es für alle Menschen notwendig, sich gelegentlich (regelmäßig oder wann immer es nötig erscheint) zu erden. Wahrscheinlich wirst du einwenden, daß es genau so nötig sei, sich zu lüften, zu befeuern oder in Fluß zu kommen. Das liegt aber im allgemeinen nicht so sehr im argen, jedenfalls nicht für die Leser dieses Buches.

Gelüftet bist du wahrscheinlich sehr gut, wenn es dir Freude macht, neue Ideen kennenzulernen und selbst welche zu entwickeln. Genügend befeuert wirst du auch sein, denn sonst hättest du dieses Buch gar nicht bis hierher gelesen. Menschen, die zu STARK geerdet sind, lesen dieses Buch sowieso nicht, denn ihre Interessen richten sich vor allem auf praktisch–handfeste Dinge (und dieses Buch würden sie nicht für praktisch und handfest halten, obwohl es das durchaus ist). Und zu wenig im Fluß bist du sicher auch nicht, zumindest nicht in Form eines Dauerzustandes, sonst wärest du diesen Ideen gegenüber gar nicht so offen.

Aber ich wette, eine gelegentliche Erdung würde dir (und mir, die ich mich bemühe, den IdeenSTURM für dieses Buch zu kanalisieren), sicher guttun. Ob du eine Erdung brauchst, kannst du leicht erkennen, wenn du überprüfst, ob das eine oder andere aus der folgenden Liste auf dich zutrifft.

Zu wenig geerdet bist du, wenn

– du häufig kalte Füße hast;
– dein Kopf voller Ideen ist, du dir aber nicht die Mühe machst, die eine oder andere davon in die Tat umzusetzen;
– du regelmäßige Mahlzeiten vernachlässigst;

- du dich dabei erwischst, daß du mehr als drei Luftschlösser täglich baust;
- dich beim Spazierengehen die Balkone anderer Leute mehr interessieren als der Straßenverkehr;
- du wenig Freude an deinem Körper hast;
- du leicht Durchfall bekommst;
- du dir leicht die Fußknöchel verstauchst;
- du wenig Bezug zur Natur hast.

(Diese Liste kann beliebig und endlos vervollständigt werden.) Erdungsübungen stellen deine Erdverbundenheit wieder her. Du behältst eine realistische Einstellung gegenüber dem Leben (oder du erhältst sie zurück), du steigerst deine Tatkraft und du gewöhnst dich an ein gesundes Körperempfinden.
Die meisten Erdungsübungen stellen den Kontakt zur Erde über die Fußsohlen oder über das Steißbein wieder her, also über die Erd–Kontaktpunkte beim Stehen oder Sitzen. Diese Übung hier empfinde ich als wirkungsvoller und angenehmer, denn sie bezieht den ganzen Körper ein. Probier sie mal aus!

MEDITATION

Ich lege mich ausgestreckt auf den Rücken und konzentriere mich auf die Kontaktfläche meines Körpers mit dem Boden. Ich spüre, wie mein Rücken, meine Beckenfläche und die ganze Fläche meiner Arme und Beine auf dem Boden aufliegen. Ich spüre die Schwere und Stofflichkeit meines Körpers in einem angenehmen Zustand der Entspannung. Ich kann sogar fühlen, wie mein Hinterkopf auf dem Boden aufliegt und spüre den leichten Gegendruck der Erde oder des Fußbodens. Ich verstärke das Gefühl der Entspannung und angenehmen Schwere noch. Dann erlaube ich meiner Phantasie, frei zu sein und mit Gedanken und Bildern zu spielen.

Ich stelle mir vor, wie kleine, haarfeine Wurzeln aus all den Teilen meines Körpers wachsen, die mit dem Boden in Kontakt sind, so als würde ich einer Pflanze ähneln. Ich sehe bildlich vor mir, wie die kleinen feinen Wurzelhärchen kräftiger und dicker werden und in den Boden hineinwachsen: direkt in die Erde, wenn ich im Freien bin, oder in den Fußboden meines Zimmers. Wenn ich in einem erhöhten Stockwerk bin, kann ich mir ganz leicht vorstellen, wie meine Wurzeln durch den Boden wachsen, immer länger und länger werden und durch sämtliche Stockwerke hindurchwachsen, auch durch den Keller, und sich schließlich in der Erde verankern, auf der mein Haus steht.

Auf jeden Fall stelle ich mir nun vor, wie meine Wurzeln in der Erde kräftiger und dicker werden und mich dort richtig fest verankern.

Als nächstes stelle ich mir vor, wie die Säfte und Mineralien und nährenden Kräfte der Erde durch die feinen Wurzelröhren hinaufsteigen bis zu mir, und wie sie in meinen Körper hineinwandern und mich nähren und stärken, so als sei ich ein großer, kräftiger Baum.

Ich bleibe nun eine Weile in diesem Bild und spüre, wie die nährenden und heilenden Kräfte der Erde mich mehr und mehr erfüllen und wie sie mich kräftigen und stärken.

Ich fühle die Kraft und die Erdverbundenheit in mir wachsen und empfinde ein immer stärker werdendes Ge-

fühl des Wohlbehagens und der Sicherheit. Dieses Gefühl bewahre ich mir, auch wenn ich nach einer Weile wieder beginne, mich aus meinen inneren Bildern zurückzuziehen.

SCHWINGUNG BEREINIGEN

Manche Menschen fühlen sich nicht wohl, wenn sie in bestimmte Wohnungen ziehen, neue Meditationsräume benutzen oder Schmuck oder Kleidung tragen, die vorher jemand anderem gehört haben. Das ist nichts Außergewöhnliches. Es zeigt nur, daß diese Menschen sich einer bestimmten Empfindsamkeit bewußt sind, die wir uns eigentlich alle bewußtmachen und nutzen sollten: Sie spüren die feinstofflichen Schwingungen derjenigen Menschen, die diese Räume vor ihnen benutzt oder diese Kleider und diesen Schmuck vor ihnen getragen haben. Sie spüren das „Od" des anderen. Die Schwingungen anderer Menschen können uns nachhaltig beeinflussen. Du hast das sicherlich schon gespürt, wenn du in einer fröhlichen Gesellschaft warst: du brauchst gar nichts zu sagen, du fühlst dich nach einer Weise trotzdem „emporgehoben", ganz gleichgültig, in welcher Stimmung du dich vorher befunden hast.

Dasselbe wirst du spüren, wenn du mit traurigen oder gar mißgünstigen Menschen zusammen bist, nur ist es in diesem Falle nicht so angenehm.

Ob du dir Schwingungen anderer Menschen nun bewußt bist oder nicht – beeinflußt wirst du in jedem Fall.

Nun hat diese feinstoffliche „Ausdünstung" die Eigenschaft, noch eine ganze Weile dort zu bleiben, wo sich die entsprechenden Menschen befunden haben. Das ist es, was du spürst, wenn du einen Raum betrittst oder ein gebrauchtes Kleidungsstück anziehst. Waschen und Putzen hilft hier nicht – damit entfernt man nur Materielles, richtigen Schmutz also. Aber die feinstoffliche Ausdünstung bleibt.

Du kannst sie allerdings ganz leicht durch deine eigene Schwingung ersetzen, die, wenn du die folgende Übung durchführst, natürlich möglichst positiv sein sollte.

Es empfiehlt sich sehr, deine neue Wohnung, euren Gruppenraum oder auf dem Flohmarkt erstandene Kleider und Schmuck auf die unten beschriebene Weise zu „entoden". Du weißt ja nicht, wer diese Dinge vor dir benutzt hat. Vielleicht wäre dir dieser Mensch gar nicht sonderlich sympathisch gewesen, oder er hat seine Traurigkeit und seinen Pessimismus dagelassen. Damit möchtest du sicher nichts zu tun haben.

Für neu bezogene Gruppenräume ist diese Übung sogar unerläßlich. In Gruppen entsteht ein ziemliches Gedankendurcheinander, der eine läßt dies zurück, der andere jenes, und das genügt schon, um Schwierigkeiten mit der Konzentration zu bekommen.

Wiederholt diese Übung für euren Gruppenraum auch immer dann, wenn ihr das Gefühl habt, es sei nötig. Es ist immer dann nötig, wenn in eurer Gruppe eine heiße Diskussion abgelaufen ist, wenn einige Leute unzufrieden waren, oder wenn sonst irgendeine größere Unstimmigkeit geherrscht hat. Dann nämlich sind Ärger, Frustration, Unzufriedenheit und ähnliche unschöne Dinge im Raum und halten sich noch Tage oder Wochen darin auf. Bereinigt dann lieber den Raum am Ende eures Zusammenseins. Das hat den angenehmen Nebeneffekt, daß euch die Übung wieder eint und zusammenführt. Ihr geht dann viel zufriedener nach Hause.

Entode deine Wohnung (allein oder mit deinem Partner, deinen Freunden oder anderen lieben Menschen), wenn du sie neu beziehst, wenn du eine Zeit der Verwirrung und des Pessimismus hinter dich gebracht hast, wenn disharmonische Gespräche darin stattgefunden haben und so weiter.

Gebrauchte Gegenstände (dazu gehört auch ein gebrauchtes Auto) entode, wenn du sie in Besitz nimmst, oder wenn du sie an jemanden ausgeliehen hast, der dir in irgendeiner Weise nicht richtig behagt.

In Räume oder Autos setzt du dich hinein und läßt die reinigende Energie von dir ausgehen. Gegenstände legst du vor dich hin oder nimmst sie in die Hand und stellst dir vor, deine reinigende Energie fließt in sie hinein.

VORBEREITUNG

Bringe den Raum (oder das Auto), den du entoden willst, in Ordnung und säubere ihn gründlich von allem materiellem Schmutz.

Versetze dich selbst in eine entspannte, optimistische, liebevolle Stimmung oder verschiebe die Übung, bis dir eine solche Vorbereitung möglich ist.

Zünde ein Räucherstäbchen oder eine Duftkerze an. Öffne ein Fenster.

Lasse eine sanfte Hintergrundmusik laufen, die dir gefällt, entspanne und versenke dich, und dann führe folgende Übung durch:

MEDITATION

Ich konzentriere mich jetzt vollständig auf meine eigene Mitte. Ich spüre, wie mein Körper warm und entspannt ist, und ich spüre, wie Sicherheit und innerer Frieden mich mehr und mehr erfüllen. Ich atme einige Male tief aus, so daß meine Lungen ganz leer werden. Alles, was mich beschwert hat, atme ich einfach fort. Dann atme ich einige Male ganz tief ein und fülle meine Lungen vollständig mit frischer Luft. Dabei stelle ich mir vor, daß ich nicht nur Luft, sondern goldenes Licht einatme, und ich werde mir bewußt, wie dieses goldene Licht mich immer mehr erfüllt und das Gefühl von Liebe, Frieden und Sicherheit in mir noch mehr verstärkt.

Ich stelle mir jetzt vor, daß das Licht zuerst in meine Füße schwebt und sie ganz ausfüllt. Dann steigt es meine Beine hinauf, erfüllt meinen Unterleib, meine Magengegend und die Körpermitte, dann steigt es weiter und erfüllt auch meine Herzgegend, die ganze Brust und den Rücken bis hinauf in die Schultern.

Das Licht erfüllt meine Arme, meine Hände und meine Finger bis in jede einzelne, leuchtende Fingerspitze. Dann steigt das Licht in meine Kehle hinauf, und schließlich erfüllt es meinen gesamten Kopf, bis in meine Haarspitzen. Je mehr das Licht in mir steigt, desto sicherer, friedlicher und liebevoller fühle ich mich. Ich bin jetzt ganz von goldenem Licht erfüllt und stelle mir nun vor, daß ich zu leuchten beginne.

Ich bin ein strahlendes, golden und liebevoll leuchtendes Wesen in der Mitte meines Zimmers. Ich konzentriere mich jetzt auf dieses Leuchten und spüre, wie es stärker und stärker wird und sich um mich herum verbreitet.

Das goldene Leuchten bildet einen immer größeren und größeren Kreis um mich und verstärkt sich dabei noch weiter. Es beginnt, in das Zimmer zu fluten und erfüllt den Raum mehr und mehr, den ganzen Raum bis hinauf zur Decke, auch in den Bereichen hinter mir, und es leuchtet jede einzelne Ecke aus, umhüllt und erfüllt jeden einzelnen Gegenstand in dem Zimmer – der ganze Raum ist jetzt vollständig ausgefüllt von diesem Leuchten und Strahlen. Alles, was fremd und dunkel war, ist zum Fenster hinausgeflogen, fortgeleuchtet von dem goldenen Licht.

Der Raum ist nun nicht nur von Licht erfüllt, sondern gleichermaßen von Liebe, Sicherheit und Frieden.

Ich bleibe eine Weile so und konzentriere mich auf das Leuchten in mir und in dem Raum und auf das damit verbundene liebevolle und friedliche Gefühl, bevor ich mich langsam und sanft aus diesen Gedanken wieder zurückziehe.

ENERGETISCHER SCHUTZ

Genauso, wie du deine Wohnung vor den Einflüssen anderer Menschen schützen kannst, kannst du auch dich selbst schützen.

Eigentlich bin ich kein großer Anhänger von Schutzmaßnahmen. Im allgemeinen nehme ich die Dinge so, wie sie kommen. Aber gelegentlich ist es doch ganz hilfreich, sich in besonderen Situationen zu schützen. Zum Beispiel dann, wenn du müde und gestreßt bist, du aber unbedingt in der überfüllten Stadt einkaufen mußt, weil du sonst am Wochenende auf alten Brötchen und eingetrocknetem Käse sitzt und dein Haustier auf sein Lieblingsfutter verzichten muß.

Du wirst wissen, wie es anstrengt, wenn man müde ist und sich durch eine Menschenmenge kämpft. Und wenn du müde bist, bist du besonders anfällig für das Gedankendurcheinander in Menschenmengen. Es kann dich nervös und aggressiv machen und dich vollständig erschöpfen.

Dann bist du gut beraten, wenn du dich schützt.

Dasselbe solltest du tun, wenn du mit pessimistischen oder streitlustigen Menschen zusammen bist. Nach Möglichkeit sollte man die Gesellschaft von solchen Menschen meiden, aber das läßt sich leider nicht immer einrichten. Du wirst wissen, wie das ist, wenn du dich selbst nicht ganz wohl fühlst und dennoch deinen schlechtgelaunten Chef acht Stunden plus zwei ungeplante Überstunden lang ertragen mußt.

Oder deine streitbaren Verwandten bestehen darauf, dich auf einer ihrer traditionellen Geburtstags–Diskussions–

Veranstaltungen zu sehen. Auch dann bist du gut beraten, wenn du geschützt hingehst.

Du vermeidest dabei, deine Energien zu verschwenden und trägst überdies zum Wohle der Gemeinschaft bei, indem du weniger angreifbar und damit auch weniger verteidigungslustig bist. Die Übung führst du durch, BEVOR du das Haus verläßt, oder du ziehst dich für einige Minuten zurück, wenn du eine schwierige Situation auf dich zukommen siehst.

Wenn du die Übung einige Male gemacht und ein bißchen Erfahrung gewonnen hast, dann kannst du deinen energetischen Schutz innerhalb von Sekunden jederzeit herstellen, wann immer du ihn brauchst.

MEDITATION

Ich stelle mir vor, daß weißes Licht wie eine Kaskade von oben zu mir herabströmt.
Dieses weiße Licht beginnt, mich einzuhüllen wie eine Glocke. Es rinnt über meinen Kopf und an den Seiten meines Körpers hinunter, ebenso über Brust und Rücken, und an meinen Beinen entlang bis auf die Füße.
Ich stelle mir vor, wie das Licht einen schimmernden, weißleuchtenden Kreis um meine Füße bildet und langsam um meinen Körper herum höher und höher steigt, bis ich wie in einer Glocke aus Licht stehe. Ich kann mich ohne weiteres in dieser Lichtglocke bewegen, sie geht und bewegt sich mit mir und ist überall dort, wo ich bin. Wenn

die weißleuchtende Glocke mich ganz umhüllt hat, stelle ich mir vor, wie sie sich über meinem Kopf schließt. Ich bin jetzt vollständig geborgen und geschützt. Ich spüre dieses Gefühl vollständiger Sicherheit ganz deutlich, es läßt mich ruhig, ausgeglichen und friedlich sein. Alle Einflüsse, die mich unruhig, traurig oder unsicher machen könnten, gleiten an der Lichtglocke ab. Ich nehme sie wahr, aber sie beeinflussen mich nicht. Ich bin geschützt, und ich nehme die Gewißheit dieses vollkommenen Schutzes wie eine Glocke aus schimmerndem Licht mit mir.

WUT ABSAUGEN

Jeder Mensch auf Erden ist gelegentlich wütend. Das ist normal und vollkommen menschlich.

Nicht normal und ein gefährlicher Irrtum ist dagegen die Meinung vieler Leute, die glauben, daß ein Mensch, der sich auf dem spirituellen Weg befindet, NIEMALS mehr wütend sein dürfe.

Das ist schlicht und ergreifend eine Leugnung bestehender Tatsachen. Niemand, der noch nicht vollkommen ist, wird ganz ohne Wut auskommen können. Und wer vollkommen ist, hat auf dieser Erde nichts mehr zu suchen und befindet sich infolgedessen auf einer anderen, höheren Entwicklungsstufe.

Die Folge dieses bedauerlichen Irrtums besteht darin, daß Wut unterdrückt wird. Und das ist nicht nur falsch, es ist sogar gefährlich. Aus zwei Gründen:

1. Was du zu unterdrücken VERSUCHST (ich sage mit Absicht „versuchst", siehe dazu Punkt 2), verschwindet, wenn du hartnäckig genug bist, in deinem Unterbewußtsein. Damit ist es sowohl deiner Kontrolle als auch deiner Erkenntnis entzogen. Und wolltest du dich nicht gerade um MEHR Erkenntnis deiner selbst und und um konzentrierte Aufräumungsarbeiten in deinem Unterbewußtsein bemühen? Wenn das so ist, dann unterdrücke deine Wut lieber nicht.

2. Du KANNST NICHTS UNTERDRÜCKEN. Wenn du glaubst, das sei dir gelungen, dann hast du dich getäuscht. Du hast etwas aus deinem Bewußtsein verdrängt, aber es ist noch immer DA. Das ist eine Tatsache. Es ist DA, aber du siehst es nicht. Wut, die du unterdrückt zu

haben glaubst, führt in deinem Unterbewußtsein ein unkontrolliertes Schattendasein. Sie wird sich äußern: entweder, indem du gelegentlich in einem Zornesausbruch „explodierst", oder, indem du hohen Blutdruck, Magenschmerzen oder etwas vergleichbar Unangenehmes auf der körperlichen Ebene entwickelst, oder, indem du deine Wut gegen dich selbst kehrst. Letzteres ist besonders heimtückisch und gemeinhin unter dem Begriff „Depression" bekannt.

Was also kannst du stattdessen tun? Deine Wut einfach deinen Mitmenschen ins Gesicht zu schreien oder zu einem noch unfeineren Mittel, beispielsweise Ohrfeigen, Zuflucht zu nehmen, kann wohl kaum das Richtige sein. Ist es auch nicht.

Das Richtige zum Beispiel wäre, deine Wut zu kanalisieren. Das kannst du tun, indem du die unten beschriebene Übung sozusagen als Erste–Hilfe–Maßnahme betrachtest und deine Wut einfach „absaugst". Das Bild des kosmischen Staubsaugers mit der Brennkammer aus weißem Licht, das ich dafür benutze, hat mir bisher noch jedesmal geholfen. Es macht nichts, wenn dir das Bild auf den ersten Blick ein wenig kitschig erscheint. Es spricht genau die Sprache, die dein Unterbewußtsein versteht.

Aber Erste Hilfe allein genügt nicht. Du tust am besten daran zu lernen, wie du deine Wut LANGFRISTIG kanalisierst.

Dazu mußt du wissen: Wut ist eine Form von Energie. Wenn du wütend bist, hast du zu viel Energie. Verbrauch sie, indem du konzentriert arbeitest (viele Menschen können ihre Wut–Energie auf diese Weise umpolen), oder indem du schwimmst (vergiß nicht, dabei ordentlich wasserzutreten), oder rennst (tritt deine Wut dabei in den Erdboden, bei jedem Schritt), oder tanzt (du wirst dich wundern, wie schnell deine Wut sich in Freude und Vergnügen auflöst).

Der zweite Schritt besteht darin, daß du dir die Situationen anschaust, in denen du wütend wirst. Du mußt den GRUND für deine Wut herausfinden.

Ein gar nicht mehr so geheimer Geheimtip hierfür ist folgender: Du wirst zunächst glauben, jemand anderer habe dich wütend GEMACHT. Sei sicher, das ist eine Täuschung. Du bist unter Garantie deshalb wütend, weil du etwas nicht so verwirklichen kannst, wie du es willst. Und wenn du ganz ehrlich bist: du hast bloß Angst vor dieser Konsequenz.

Du wirst es inzwischen wissen: Die Veränderung fängt BEI DIR an. Andere Menschen kannst und darfst du nicht ändern. Aber DU kannst deine Angst erkennen, kannst überlegen, wie wichtig dir deine Idee ist, kannst dich ernsthaft hinsetzen und über verschiedene Möglichkeiten der Realisierung nachdenken....

Mit der Zeit erreichst du damit zweierlei: du erfährst mehr über dich selbst (wirst bewußter), und du wirst immer seltener Wut verspüren.

Aber bis dahin – präge dir die Erste–Hilfe–Übung gut ein!

MEDITATION

Ich konzentriere mich nun auf meinen Körper und fühle, an welcher Stelle meine Wut sitzt. Jedes Gefühl hat seinen Ort.
Vielleicht fühle ich die Wut in der Magengegend, vielleicht im Unterleib, vielleicht sitzt mir die Wut im Gedärm, oder im Herzen, oder im Hals oder hinter der Stirn.
Ich atme einige Male ganz bewußt und fühle, wie sich mit jedem Atemzug das Gefühl der Wut mehr und immer deutlicher auf seinen speziellen Ort konzentriert.
Ich kann mir jetzt die Wut bildlich vorstellen, und wie eine schwarze, wabernde, schwere Wolke, die an einer Stelle meines Körpers konzentriert ist.
Jetzt stelle ich mir vor, wie sich aus dem Himmel oder den Wolken über mir ein großer Staubsauger herabsenkt. Mit dem Staubsauger verbunden ist eine dicke Leitung, die oben in den Wolken verschwindet. Meiner Phantasie sind keinerlei Grenzen gesetzt, und in meiner Vorstellung nehme ich jetzt den Staubsauger, halte ihn an die Stelle meines Körpers, an der ich die Wut spüre, und schalte den Staubsauger ein.
Ich kann mir jetzt genau in meinem inneren Bild vorstellen, wie der große kosmische Staubsauger meine Wut absaugt. Er zieht immer mehr und mehr dicke, schwere, schwarze Schwaden aus meinem Körper, und je mehr er heraussaugt, desto deutlicher fühle ich, wie meine Wut schwindet. Ich bleibe so eine Weile und sehe und spüre, wie immer mehr von meiner Wut abgesaugt wird, bis nichts mehr davon übrig ist.

Nun fühle ich mich leicht und befreit. Es ist wieder Platz für Frieden in mir. Ich stelle mir nun vor, wie goldenes Licht an die Stelle meines Körpers strömt, wo vorhin die Wut war, und wie das goldene Licht diese Stelle ganz ausfüllt und sich allmählich immer weiter in meinem Körper verbreitet, bis ich ganz davon erfüllt bin.

Ich fühle, wie sich mit dem goldene Licht auch Frieden und Liebe in mir ausbreiten und wie sie wieder Platz finden in mir, und ich fühle mich erlöst und befreit.

Ich nehme jetzt den Staubsauger in Gedanken wieder von meinem Körper fort. Ich schaue den Staubsauger genau an, und ich sehe jetzt, daß er durchsichtig ist und in seinem Inneren eine Art Brennkammer hat, die ganz von strahlendem weißen Licht erfüllt ist. Dort wird meine Wut restlos verbrannt. Ich schaue zu, wie das weiße Licht die schwarzen Schwaden vollständig auflöst und verbrennt. Kleine goldene Lichtpunkte steigen nun aus der Brennkammer auf und entweichen durch die Ableitung nach oben, in Richtung auf die Wolken, wo sie aus meinem Gesichtsfeld verschwinden.

Ich bin ganz sicher: von meiner Wut ist nichts geblieben. Sie ist restlos verbrannt und fort.

Ich fühle mich wieder friedlich und liebevoll und nehme dieses gute Gefühl mit mir, wenn ich mich nun allmählich wieder aus meinen inneren Bildern zurückziehe.

MEDITATIVE ÜBUNGEN FÜR FORTGESCHRITTENE

Mit den Übungen in diesem Kapitel kannst du beginnen, wenn du bereits einige Erfahrungen im Sehen und Gestalten von inneren Bildern hast.

Du kannst sie in der Gruppe machen, wenn ihr intensiv zusammen arbeitet, aber vielleicht findest du sie auch so persönlich, daß du sie lieber allein durchführen möchtest. Spiele nicht mit diesen Übungen, denn sie sprechen sehr tiefe Bereiche deines Selbst an. Nimm den Umgang mit ihnen ernst und arbeite damit über längere Zeit.

DIE PYRAMIDE

Wenn du beabsichtigst, wirklich tief in diese Art der Meditation einzusteigen, solltest du dir gedanklich einen persönlichen Ort schaffen, an dem du Informationen abfragen kannst, die sehr tiefe Schichten deiner Persönlichkeit berühren.

Ein Ort, den ich für sehr geeignet halte, ist die Pyramide. Dein Unterbewußtsein kennt die allgemeine Bedeutung dieses Symbols sehr genau: Pyramiden sind Orte der Kraft, der Weisheit und des Kontakts mit höheren Dimensionen – wenn du so willst, mit dem Göttlichen.

Dazu solltest du wissen, daß du all die Weisheit, die du brauchst, um dein jetziges Leben bewußt und erfüllt zu gestalten, in dir trägst. Du weißt ALLES, was für dich von irgendeiner Bedeutung ist. Damit bist du selbst an eine göttliche Dimension angeschlossen. Nur handelt es sich hierbei um VERBORGENES Wissen. Das Problem ist also nicht darin zu sehen, daß du dir mehr Mühe gibst, Wissen zu erwerben, sondern daß du geschickter wirst, Wissen zu AKTIVIEREN. Das kann nur bedingt dadurch geschehen, daß du viel liest und viel mit anderen über Wissenserwerb sprichst. Diese Art von Wissenserwerb ist wichtig, aber sie ist nicht alles. Auf diese Art schaffst du Voraussetzungen. Wirklich tiefes Einsteigen in wissende Dimensionen kann dir nur gelingen, wenn du mit inneren Bildern arbeitest.

In der Pyramide kannst du ein ARCHIV DES WISSENS finden, und du kannst darin arbeiten. Du gestaltest dieses Archiv so, daß du AUF DEINE WEISE darin arbeiten kannst. Es gibt keine verbindlichen Vorgaben, wie dieses Archiv auszusehen hat. Was ich dir hier zeige, sind Anregungen, mit denen eine Reihe von Leuten sehr effektiv arbeiten. Aber sie sehen diese Vorschläge wirklich nur als Anregung, und sie gestalten, wenn sie einige Übung erlangt haben, ihr Archiv nach ihren persönlichen Schwerpunkten um, bzw. sie lassen Änderungen geschehen.

Was sich bewährt hat, ist die Aufteilung des Pyramiden-Innenraumes in eine Bibliothek und in eine Bildergalerie. Außerdem gibt es in jeder Pyramide Türen, die verschlossen sind, und Räume, die du nicht betrittst. Es ist wichtig, dir das so vorzustellen, denn deinem Unterbewußtsein ist nicht dein gesamtes inneres Wissen AUF EINMAL zugänglich (das würde dich verwirren), sondern immer nur der Teil, den du an dem jeweiligen Punkt deiner Entwicklung brauchst. Außerdem gibt es Informationen, die NIEMALS in diesem Leben ins Bewußtsein gehoben werden, weil du sie nicht brauchst oder die du auf deinem gegenwärtigen Entwicklungsstand nicht verstehen könntest. Dieses Wissen wird durch die verschlossenen Türen symbolisiert. Wenn du deine Pyramide häufiger besuchst, wirst du nach und nach einige dieser Türen offen finden, andere bleiben für immer verschlossen.

Meine eigene Pyramide weist eine Besonderheit auf, die ich dir nicht vorenthalten möchte und über die ich, als ich sie entdeckte, schmunzeln mußte. Ich habe dort nämlich eine hochtechnisierte Datenstation mit Computerbildschirmen und Datenbanken, und wenn ich etwas erfragen möchte, dann geschieht es häufig, daß ich – in Gedanken – eine Diskette nehme und meine Informationen sozusagen über „meditativen Bildschirmtext" bekomme. Das sagt aus, daß ich durchaus ein Kind meiner Zeit bin, und nachdem ich mich anfänglich ein bißchen gewundert hatte, entschloß ich mich, die Datenstation nicht nur dort zu lassen, sondern sie auch häufig zu benutzen. Du kannst das genauso machen, wenn du es für sinnvoll hältst.

Ich habe festgestellt, daß die Datenstation mir hauptsächlich Wissen vermittelt, das ziemlich neu ist oder auf Entscheidungen für die Zukunft hinweist, während „altes" Wissen in alten Büchern oder Pergamentrollen zu suchen und zu finden ist.

Dein Unterbewußtsein wird deine Pyramide so einrichten, wie es am besten für dich ist. Vielleicht wirst du auch klug geführt. Mir ging es beim ersten „Entdecken" der Datenstation nämlich so. Ich lag in der Meditation gedanklich VOR der Pyramide in der Sonne, um auszuspannen und Kraft zu tanken. Plötzlich hörte ich, wie einer meiner spirituellen Lehrer, ein hochstehendes Geisteswesen, das mit mir in Kontakt ist, mich aufforderte, IN die Pyramide (die bis dahin nur eine ganz normale Bibliothek und eine Bildergalerie enthielt) zu gehen. Dort entdeckte ich die Datenstation und bekam eine Information, die einiges in meinem Leben in ein neues, klares Licht rückte und die ich zu diesem Zeitpunkt dringend benötigte.

Wenn du länger mit der Pyramide arbeitest, empfehle ich dir, um einen persönlichen Berater zu bitten (die Übung dazu ist in diesem Buch). Dieser kann dich anleiten und dir helfen, dich zurechtzufinden. Er wird dir die Bücher oder Bilder geben, die du brauchst, er wird dir die Türen zu jenen Räumen öffnen, die du betreten solltest, und er wird dir auch zeigen, wann es für eine Antwort zu früh ist oder wenn du dich auf einem Umweg befindest.

Ich habe für diese Übung eine Pyramide im Wald gewählt. Das ist mit Bedacht geschehen, denn ich finde das Symbol des Waldes sehr geeignet für die bildliche Darstellung verborgenen Wissens. Aber sieh auch das nur als eine Anregung. Du kannst dir auch eine Pyramide in der Wüste oder in den Bergen vorstellen, wenn du fühlst, daß das passender für dich ist.

MEDITATION

*In meinen Gedanken begebe ich mich jetzt auf eine Wald-
lichtung, die in einem weichen, grünen Dämmerlicht ruht.
Ich schaue mich auf dieser Waldlichtung um und betrachte
die hohen, uralten Bäume, von denen sie umstanden ist,
und ich sehe das hohe, saftige Gras und die seltsamen
Blumen und Pflanzen, die hier wachsen, und die es nur auf
solchen verborgenen Lichtungen gibt.*

*Diese Waldlichtung gehört mir, und sie ist mein ganz
privater Ort, mein innerer Rückzugsort.*

*An einem Ende der Lichtung entdecke ich eine alte Stein-
pyramide, die halb unter Pflanzen und Blumen verborgen
ist.*

*Langsam gehe ich auf diese Pyramide zu. Sowie ich näher-
komme, sehe ich, daß die Pyramide einen Eingang hat, ein
Tor, das nur ganz leicht angelehnt ist, und mein Weg führt
genau darauf zu.*

*Ich stehe jetzt vor dem Eingangstor. Über den Torflügeln
ist ein gemauerter Bogen aus uralten Steinen, und in diese
Steine ist eine Inschrift eingemeißelt: ORT DES WIS-
SENS.*

*Ich bleibe eine Weile stehen und betrachte das Tor und die
Inschrift mit Andacht. Dies hier ist ein Ort uralten Wis-
sens, und der Zutritt zu diesem Ort steht für mich offen.
Ich brauche nur einzutreten.*

*Ich berühre das Tor, und es schwingt ganz von allein auf.
Ich betrete langsam und andächtig das Innere der Pyramide. Ich stehe in einem großen, lichterfüllten Raum. Das
Licht strömt aus der Spitze der Pyramide herab und hüllt
den Raum in ein helles, goldenes Flimmern.*

Zunächst kann ich wenig erkennen, aber sowie ich eine kleine Weile stehenbleibe, werden die Umrisse des Raumes immer deutlicher. Ich befinde mich in einer großen Bibliothek. An den Wänden sehe ich lange Reihen von Regalen, in denen alte und neue Bücher, Pergamentrollen und Tontafeln geordnet aufgereiht sind.

Ich schreite langsam eine der Regalreihen entlang und betrachte die Rücken der Bücher genauer. Vielleicht kann ich ihre Titel noch nicht lesen, weil die Buchstaben verschwommen erscheinen oder weil sie in fremden Sprachen geschrieben sind. Aber ich bleibe gelassen und voller Vertrauen. Was ich erfahren soll, das werde ich nach und nach erkennen. Heute nehme ich mir Zeit, mich nur umzuschauen. Während ich weitergehe, kann ich vielleicht schon den einen oder anderen Titel der Bücher lesen.

Ich nehme jetzt noch kein Buch aus dem Regal, sondern sehe mich weiter um. Vielleicht entdecke ich eine Datenstation, vielleicht den Schreibtisch des Bibliotheksleiters, vielleicht entdecke ich auch ganz andere Dinge, die hier aufbewahrt werden: kostbare Edelsteine, magische Gerätschaften, alte, prachtvolle Kleider und Reliquien aus vergangenen Zeiten.

Während ich weitergehe, sehe ich an den Wänden Türen. Manche sind kostbar verziert und alt, andere glatt und neu. Hinter den Türen vermute ich weitere Räume. Einige der Türen sind einen Spaltbreit offen, andere sind angelehnt, wieder andere sind geschlossen, in ihrem Schloß steckt ein Schlüssel.

Wieder andere Türen scheinen abgeschlossen, und es steckt kein Schlüssel. Wenn ich möchte, kann ich später die eine oder andere der Türen öffnen und die Räume dahinter betreten. Andere Türen werde ich vielleicht niemals öffnen.

Aber heute betrete ich keinen der hinteren Räume. Ich schaue mich nur um, solange ich möchte. Ich verweile voller Andacht an diesem Ort des Wissens. Ich weiß, das ist mein Ort, und ich kann jederzeit in meinen Gedanken hierherkommen. Ich kann hier erfahren, was ich als Antwort auf meine Fragen brauche. Dieser Ort ist für mich da. Ich werde zurückkehren, wann immer ich es für notwendig halte.

In der Gewißheit, immer hierher zurückkehren zu können und frei ein- und ausgehen zu dürfen, wende ich mich nun wieder dem Tor zu, durch das ich eingetreten bin. Ich durchschreite das Tor und befinde ich mich wieder auf der Waldlichtung mit den uralten Bäumen und dem hohen Gras.

Ich bleibe eine kleine Weile, um ins Tagesbewußtsein zurückzufinden, dann verabschiede ich mich von meinen inneren Bildern.

DER INNERE BERATER

Diese Meditation kannst du erst dann erproben, wenn du ein bißchen Erfahrung mit deinen inneren Bildern hast.

Aber irgendwann wirst du das Bedürfnis danach haben, irgendwann hast du genug Vertrauen, um zu glauben, daß du alle Weisheit, die du brauchst, in dir selber trägst.

Die Kunst besteht darin, den Zugang zu dir selbst zu bekommen.

Diese Meditation hilft dir dabei, das Zentrum deiner eigenen inneren Klugheit zu finden, deinen inneren Berater.

Wenn du diese Meditation einige Male gemacht hast, um deinen inneren Berater kennenzulernen, wirst du sie immer dann wiederholen wollen, wenn du Fragen hast, die dich tief bewegen, wenn du verstehen und lernen, wachsen und vollkommener werden willst

MEDITATION

Ich begebe mich in meiner Vorstellung wieder in meine Pyramide und nehme das goldene Licht darin deutlich wahr. Während ich mich nun weiter umschaue, entdecke ich die Quelle des goldenen Lichts.

Es kommt aus der Tiefe des Raums, und dort hinten ist ein Tisch, hinter dem jemand sitzt. Ich fühle mich eingeladen, das Wesen zu begrüßen, das hinter dem Tisch sitzt, und ich schreite langsam darauf zu. Das goldene Licht wird stärker und leuchtender, und es hüllt mich jetzt ganz ein.

Allmählich kann ich auch erkennen, wie die Gestalt aussieht, von der dieses wunderbare Strahlen ausgeht. Ich weiß, diese Gestalt ist mein INNERER BERATER. Ich

*stehe ihm jetzt gegenüber, und ich kann erkennen, ob er
ein Mann oder eine Frau ist, ob alt oder jung, und ich sehe
sogar die Einzelheiten seines gütigen Gesichts.*

*Mein innerer Berater steht jetzt auf und geht um den Tisch
herum. Er – oder sie – streckt mir die Hände entgegen und
begrüßt mich freundlich.*

*Mein innerer Berater sagt mir, daß ich ihn jederzeit spre-
chen und um Rat fragen kann, wann immer ich ihn in
Gedanken an seinem Platz aufsuche, und er ermuntert
mich, nach hier zu kommen, wann immmer ich will.*

*Ich bedanke mich für seine Freundlichkeit und Güte und
sage ihm, daß ich bald zurückkehren werde. Dann drehe
ich mich um und gehe auf den Ausgang der Pyramide zu.
Die Tür schwingt ganz von allein auf, und ich bin wieder
draußen auf der Waldlichtung im grünen Dämmerlicht.*

*Ich mache mir jetzt das Gefühl, geschützt, weise geführt
und gut beraten zu sein, wann immer ich Schutz, Führung
und Rat brauche, ganz bewußt.*

*Und dieses Gefühl der inneren Sicherheit nehme ich mit
für diesen Tag und für jede Situation, in der ich es brauchen werde, auch wenn ich mich jetzt von meinen inneren
Bildern allmählich wieder zurückziehe.*

ALLES, WAS ICH SEHE, IST LIEBE

Auch für diese Meditation begibst du dich in deine Pyramide und stellst dir vor, daß du, wenn du sie durchschreitest, zu einem Raum kommst, der wie eine Bildergalerie ausgestattet ist.

Hier, in dieser Bildergalerie, kannst du Antworten auf bestimmte Fragen in symbolischer Form als Bild bekommen.

Es ist ganz einfach: Du wählst ein Thema, und zu diesem Thema schaust du dir dann Bilder an.

Ein Thema ist zum Beispiel: Alles, was ich sehe, ist Liebe.

Dies ist EIN Beispiel von vielen möglichen. Du kannst auch andere Themen wählen, zum Beispiel:

– alles, was ich sehe, ist Wachstum
– alles, was ich sehe, ist Erkenntnis
– alles, was ich sehe, ist kluges Handeln
– alles, was ich sehe, ist Verständnis
– alles, was ich sehe, ist Verzeihen etc.

Du brauchst dann in der Meditation nur zu schauen und den symbolischen Gehalt der Bilder in dein Bewußtsein aufzunehmen.

MEDITATION

Ich begebe mich in Gedanken wieder in meine Pyramide. Ich verweile eine kurze Zeit im Eingang und lasse das goldene Licht, das den Raum erfüllt, auf mich wirken und mich ganz und gar erfüllen. Dann durchquere ich gemes-

senen Schrittes den Bibliotheksraum und gehe auf die Rückwand dieses Raumes zu. Dort sehe ich eine große Tür, über der eine Inschrift graviert ist. Die Inschrift lautet: INNERE BILDERGALERIE.

Die Tür ist nur angelehnt, ich öffne sie ohne Mühe und schreite hindurch. Jetzt befinde ich mich in einer Art Foyer, von dem wieder viele Türen abzweigen. Jede der Türen trägt eine Aufschrift, und ich gehe auf die Tür zu, die den Schriftzug trägt: ALLES, WAS ICH SEHE, IST LIEBE.

Ich öffne diese Tür und befinde mich in einem großen, hellen Raum, in einer Bildergalerie. Die Wände sind mit Bildern in den unterschiedlichsten Formaten behängt, und ich kann mir nun eines oder mehrere dieser Bilder in Ruhe anschauen. Ich präge mir das, was ich sehe, genau ein, auch wenn ich es vielleicht verwunderlich oder zunächst unverständlich finde.

Ich nehme mir Zeit, mich genau umzuschauen und präge mir ein, was ich sehe. Dann gehe ich langsam zurück. Ich weiß, ich kann jederzeit wieder hierherkommen, weitere Fragen stellen und weitere Bilder sehen.

Schließlich durchquere ich den Galerieraum und das Foyer und befinde mich nun wieder in meiner Pyramide. Wenn ich das, was ich gesehen habe, allein gedanklich bearbeiten möchte, kann ich die Pyramide nun verlassen. wenn ich zusätzliche Hilfe und Informationen brauche – kann ich diese nun erhalten, indem ich nach einem Buch frage oder eine Frage an meinen inneren Berater richte, der sich hier in der Pyramide aufhält.

Ich nehme mir genügend Zeit und verlasse dann die Pyramide, um in Ruhe und mit Bewußtsein all das zu überdenken und in mein Wissen zu integrieren, was ich hier erfahren habe. Mit dem festen Wunsch, zu erkennen und meine Standpunkte zu erweitern, kehre ich ins Tagesbewußtsein zurück.

KREISE DER FREIHEIT

Viele Menschen haben Probleme mit ihrem Freiheitsgefühl und ihrem Freiheitsbedürfnis. Die häufigste Klage, die man hört, ist, daß sich jemand in seiner freien Persönlichkeitsentfaltung eingeschränkt fühlt. (Es ist logisch, daß sich niemand über zu viel Freiheit beschwert, denn das erzeugt wohl kaum irgendeinen Leidensdruck und wird nicht als Problem empfunden.)

Wenn du zu den Leuten gehörst, die glauben, zu wenig Freiheit zu haben, solltest du das ändern – mit der gebührenden Vorsicht. Denn es ist niemandem damit geholfen, wenn du nun anfängst, Versäumtes nachzuholen und alle Freiheit der Welt für dich in Anspruch nimmst. Du lebst in einer menschlichen Gemeinschaft, und das bedeutet, daß jeder sein eigenes Freiheitsbedürfnis mit dem der anderen abstimmen muß.

Damit ist nicht gesagt, daß du dich in irgendeiner Weise einschränken sollst, die du nicht akzeptieren kannst. Deine wichtigste Verpflichtung im Leben besteht darin, deine Möglichkeiten zu erkennen und zu realisieren: Dazu brauchst du Freiheit.

Mit dieser Übung wirst du erfahren, wie dein persönlicher Freiraum im Vergleich zu dem anderer Menschen aussieht, ob du irgendwo die Freiheit anderer beeinträchtigst und ob deine Freiheit irgendwo durch andere beeinträchtigt wird.

Du solltest dir das meditative Bild in dieser Übung zunächst einmal nur anschauen, um deinen Standort kennenzulernen. Dann kannst du darangehen, mit diesem Bild aktiv zu arbeiten und es zu verändern.

MEDITATION

Ich entspanne und versenke mich, und dann richte ich meine Vorstellung auf mich. Ich sehe mich in einem Kreis aus Licht stehen. Dies ist ein Symbol für meine persönliche Freiheit, für meinen persönlichen Freiraum im Leben. Ich schaue mir dieses Bild genau an und lasse es auf mich wirken.

Dann schaue ich mich um, ich sehe über meinen eigenen Kreis hinaus und erblicke andere Menschen, Menschen, die mir nahestehen und mit denen ich im Leben zu tun habe. Diese Menschen stehen ebenfalls in Kreisen aus Licht.

Ich nehme mir Zeit, genau hinzuschauen. Ich kann jetzt sehen, wie groß oder wie klein mein eigener Freiraum im Vergleich zu den Freiräumen anderer Menschen ist.

Ich sehe, wo Kreise sich berühren, ich sehe, wo mein Kreis die Kreise der anderen berührt.

Wenn ich genau hinschaue, entdecke ich, wo Freiräume deformiert, verletzt oder eingeschränkt werden. Ich sehe dies als Überschneidungen und Dellen in den verschiedenen Kreisen aus Licht. Wenn ich feststelle, daß mein eigener Kreis andere Kreise verletzt, kann ich die Kreise in meinem gedanklichen Bild ein wenig weiter auseinanderrücken lassen, so daß für alle Platz ist. Sie dürfen sich berühren, aber sie dürfen einander nicht verletzen. Wenn ich sehe, daß mein Kreis von anderen Kreisen bedrängt wird, gehe ich genauso vor: Ich lasse die Kreise auseinanderrücken, bis alle genug Platz haben, um sich vollständig und rund zu entfalten.

Wenn ich möchte, kann ich auch die Größe meines eigenen Kreises ändern. Ich kann ihn vergrößern, wenn er sehr viel kleiner erscheint als die anderen Kreise, bis ich das Gefühl habe, daß die Größen der Kreise gerecht aufgeteilt sind. Es ist für alle genügend Platz da.

Während ich das Bild betrachte, das ich in meinen Gedanken geschaffen habe, überprüfe ich meine Gefühle dazu. Ich verändere das Bild nur so weit, wie ich mich damit wohlfühle. Ich weiß, daß ich weder meine eigene Freiheit noch die der anderen mißbrauchen darf.

Ich ziehe mich mit der Gewißheit aus meinen inneren Bildern zurück, daß ich meinen eigenen Platz gefunden habe, daß ich so viel Freiheit besitze und in Anspruch nehme, wie ich zu meiner freien Entfaltung brauche, und daß ich die Freiheitsansprüche der anderen Menschen gebührend berücksichtige und respektiere.

LESENSWERTE BÜCHER

Ich halte es für beinahe unmöglich, Bücher zu empfehlen. Die Vorliebe für ein Buch hat in vielen Fällen sehr persönliche Gründe. Und wenn mir ein Buch gefällt, muß es dir noch lange nicht gefallen.

Deshalb ist meine Bücherliste auch sehr, sehr kurz. Sie enthält einige wenige derjenigen Bücher, die ich für wertvoll halte für Menschen, die an ihrer eigenen seelischen Weiterentwicklung interessiert sind.

Alle diese Bücher haben zwei Dinge gemeinsam: Erstens sind sie leicht zu lesen, da sie in einer für jeden verständlichen Sprache geschrieben sind (ich halte es nämlich für unnötig, sich mit akademischen Fachbegriffen herumzuplagen, wenn man etwas Wertvolles lernen will. Es geht auch anders).

Zweitens: Sie sind dennoch inhaltlich ziemlich „gewichtig".

Hier eine Auswahl:

Eichler, Norbert A.:
   Die Erleuchtung ist gratis
   Reinbek: Rowohlt 1989

Gawain, Shakti:
   Stell dir vor. Kreativ visualisieren
   Reinbek: Rowohlt 1986

Gawain, Shakti: King, Laurel:
Leben im Licht. Quelle und Weg zu einem neuen
Bewußtsein
München: Peter Erd und Heyne 1987

Gendlin, Eugene T.:
Focusing. Technik der Selbsthilfe bei der Lösung
persönlicher Probleme
Salzburg: Otto Müller 1981

Golas, Thaddeus:
Der Erleuchtung ist es egal, wie du sie erlangst
Basel: Sphinx 1988

Jampolsky, Gerald G.:
Lieben heißt die Angst verlieren
München: Goldmann 1981

Jampolsky, Gerald G.:
Die Kunst zu vergeben. Der Schlüssel zum Frieden
mit uns selbst und anderen
München: Kösel 1987

Krishnamurti, Jiddu:
Einbruch in die Freiheit
Frankfurt a.M., Berlin, Wien: Ullstein 1982

Orban, Peter:
Die Reise des Helden
Die Seele auf der Suche nach sich selbst
München: Kösel 1982

Simmonton, Carl. O. u.a.:
Wieder gesund werden.
Buch und Kassette
Reinbek: Rowohlt 1982

Peter Whiteheart
Tate Topa - Der indianische Weg
Meditationen und Übungen zur Heilung von Mensch und Erde

Der indianische Weg ist mystisch, romantisch und voller Wunder!
Peter Whiteheart, weißer Bruder des Apacheschamanen Eagle Bear, zeigt, wie wir durch naturgemäße Ernährung, Meditationen zur Aufnahme von Erdenergie und Rituale mit den Vier Elementen den Weg zum inneren Gleichgewicht finden können.
Dieses Buch ist nicht nur empfehlenswert, sondern auch eine Lektüre für alle, die eine geistige Orientierung und Lebenshilfe suchen - und nicht nur Karl-May-Feeling. Jupiter

DM 19,— öS 148,— sfr 20,20 . 128 S. br.
ISBN 3-926374-26-8

Peter Whiteheart
Wiyo Ate - Der indianische Weg zum Neuen Mann

Der weiße Bruder hat vergessen, seine Männlichkeit natürlich zu leben. Daher stiftet er ständig Unfrieden und zerstört Mutter Erde. (Eagle Bear)
Wie kann Mann heute seine Rolle finden und seine Männlichkeit leben?
Peter Whiteheart ist auch hier dem indianischen Pfad gefolgt. 'Mann' lernt, ein neues gesundes Selbstverständnis und zu einer neuen natürlichen Begegnung mit seiner "anderen" Seite zu finden: der Frau.

DM 19,— öS 148,— sfr 20,20 . 128 S. br.
ISBN 3-926374-33-0

Allen Ross
Wakan Tanka - Im Herzen sind wir alle eins

'Der mit dem Wolf tanzt' zeigte die Kultur der Lakota Sioux. Jetzt enthüllt ein Lakota Autor die Mysterien der Riten und Bräuche der Indianer Nordamerikas. Er nimmt den Leser mit auf die Suche nach den kulturellen und spirituellen Parallelen des "roten und weißen Mannes", die ganz erstaunlich sind.
Das 'Roots' der Indianer Nordamerikas.

DM 29,— öS 219,— sfr 30,20 . 240 S. mit zahlr. Abb., br.
ISBN 3-926374-31-4

Denise Whitefeather Linn
Ein Kissen voller Träume
Träume sind Schäume - oder nicht?
Für die Cherokesin Denise Whitefeather Linn jedenfalls sind Träume Botschaften des Unterbewußtseins.

In diesem Buch greift sie auf ihr indianisches Erbe und ihre zwanzigjährige Praxis als schamanische Heilerin zurück, um bisher wenig Bekanntes über Träume zu vermitteln:

Der Mond im Traum	Farben, Zahlen, Symbole, Steine
Indianische Traumvision	Heilung im Traum
Traumjournal	Traumkissen und Traumschild
Astralreisen	Begegnung mit Ihrem *Dreamlover*
Traumlexikon...	

Das Traumbuch einer nordamerikanischen Schamanin mit viel unbekanntem Wissen zu Träumen.

304 Seiten, broschiert, DM 29,00, öS 226,-, sfr 30,20
ISBN 3-926374-37-3

Ilona Bergen
Das Heilpflanzen Horoskop
Astrologie und Heilkunde der weisen Frauen
Bei diesem Horoskop handelt es sich nicht um eine traditionelle Überlieferung, sondern um eine Wiederentdeckung des alten Wissens um die Heilpflanzen. Hier verknüpfen sich moderne Erkenntnisse der Astrologie und Heilkunde und die Weisheit des Mittelalters zu einer neuen Form der Sterndeutung.
Wie in der bekannten abendländischen Astrologie, teilt sich das Jahr in zwölf Zeichen auf. Es handelt sich jedoch um Heilpflanzen und Kräuter, die sowohl den einzelnen Menschen einfühlsam charakterisieren, wie auch wertvolle medizinische Hilfe anbieten. Mit zahlreichen Abbildungen, Tips und Rezepten.

Reihe BewußtSein
128 Seiten, broschiert, DM 19,00, öS 148,-, sfr 20,20
ISBN 3-926374-35-7

Mara Ordemann
Esoterik auf einen Blick
Altes Wissen neu entdeckt
Kein Buch mit sieben Siegeln, sondern ein Lexikon mit über 400 Begriffen - von *Akasha*, *Enneagramm* und *Inneres Kind* bis *Zweites Gesicht*, eine leicht verständliche Einführung in die Esoterik - sachlich, objektiv und aktuell!
Oder wissen Sie, was *Aura Soma* oder *11 : 11* ist? Schlagen Sie nach - auf den magischen Seiten des Smaragd Verlags!

Reihe BewußtSein
128 Seiten, broschiert, DM 19,00,öS 148,-, sfr 20,20
ISBN 3-926374-39-X

Ulrike Gottwald
Tanzende Seele
Du hast alles in dir

Jeder von uns besitzt viel mehr Wissen, Talente und Kenntnisse als ihm bewußt ist. Alles, was wir je gehört, gesehen und auf vielerlei Art wahrgenommen haben, ist in den tieferen Schichten unseres Bewußtseins gespeichert.

Tanzende Seele - Du hast alles in dir stellt Affirmationen und Meditationstechniken vor, mit denen wir im Dialog mit unserem "inneren Helferteam" lernen, unser gespeichertes Wissen auf spielerische Weise anzuzapfen: "Hugo - Aufofahrer mit Hut", die "Heilerin" oder "Der Küchenspezialist, Herr Radieschen", um nur einige zu nennen, sind innnere Helfer, die uns unterstützen, indem sie uns darauf aufmerksam machen bzw. uns daran erinnern, was alles in uns steckt.

Ulrike Gottwald, die Autorin von *Sommer für die Seele*, bietet eine mit Witz und Humor geschriebene, praktische Lebenshilfe für den Alltag.

Aus der Reihe BewußtSein
128 Seiten, broschiert, DM 19,00, öS 148,-, sfr 20,20
ISBN 3-926374-41-1
Smaragd Verlag